도서출판 대장간은
쇠를 달구어 연장을 만들듯이
생각을 다듬어 기독교 가치관을
바르게 세우는 곳입니다.

대장간이란 이름에는
사라져가는 복음의 능력을 되살리고,
낡은 것을 새롭게 풀무질하며, 잘못된 것을
바로 세우겠다는 의지가 담겨져 있습니다.

www.daejanggan.org

이 책은 2014년 7월 25일 개최한 기독연구원 느헤미야 긴급 포럼
「세월호 참사와 문창극 사태에 비추어 본 한국교회와 신학」 발제문을 엮은 것입니다.

01 세월호와 역사의 고통에 신학이 답하다

지은이 조석민 김근주 권연경 배덕만 김동춘 박득훈 김형원
초판발행 2014년 8월 8일
초판2쇄 2016년 2월 22일

펴낸이 배용하
책임편집 배용하
등록 제364-2008-000013호
펴낸곳 도서출판 대장간
　　　　　www.daejanggan.org
등록한곳 대전광역시 동구 우암로 75-21 (삼성동)
편집부 전화 (042) 673-7424
영업부 전화 (042) 673-7424 전송 (042) 623-1424

분류 사회참여 | 공공신학
ISBN 978-89-7071-333-5 (03230)

 값 7,000원

세월호와
역사의 고통에
신학이 답하다

조석민
김근주
권연경
배덕만
김동춘
박득훈
김형원

차례

1부. 성서학적 통찰

세월호 참사는 하나님의 뜻인가?

조석민 교수

에스라성경대학원대학교 신약학 | 기독연구원 느헤미야 연구위원

들어가는 말

오늘은 대한민국의 참담한 현실의 단면을 있는 그대로 보여준 세월호 참사가 발생한지 101일이 되는 날입니다. 발제에 앞서 이 사회의 기득권 층이며 지식인의 한 사람인 교수와 목사로서 우리 사회의 부조리와 부정 부패에 삶과 행동으로 좀 더 적극적으로 저항하고 투쟁하기 보다는 현실의 편안함에 안주했던 지난날들을 반성하며 유가족 여러분들에게 진심으로 마음의 위로를 드립니다. 2014년 4월 16일은 대한민국 현대사에서 수치스럽고 아픈 상처로 영원히 기억될 것입니다. 아직까지 10명의 실종자는 여전히 돌아오지 못하고 있습니다. 이 사건과 관련하여 여러 가지 의혹이 제기되어 350만 여명이 서명하여 "4.16 참사 진실규명 및 안전 사회 건설 등을 위한 특별법 제정"이라는 청원을 했지만 현재까지 해결하지 못하고 있는 참담한 현실에 끝없는 분노가 치밀어 오르지만 아직은 억제하고 있을 뿐입니다.[1]

---

1) http://blog.naver.com/PostView.nhn?blogId=jh202006&logNo=220057114110 (2014년 7월 23

세월호 참사를 두고 이미 **복음주의 기독교 안에서는** 비록 소수의 목회자들이지만 "세월호 참사는 하나님의 뜻"이라는 도저히 이해할 수 없는 발언을 하여 상처 난 유가족의 마음을 더욱 아프게 하였습니다.[2] 더욱이 "하나님의 뜻"과 관련하여 세월호 참사뿐 아니라, 일제식민 지배의 역사와 6.25 동란 및 이로 인한 남북분단까지도 "하나님의 뜻"이라고 말한 전 국무총리 후보자로 지명되었던 문창극 장로의 어처구니없는 말까지 나왔고, 문 후보자의 말에 대하여 "문 후보의 역사관은 식민사관이 아니라 신앙적 민족사관"이라고 주장하며 "'민족의 수난은 하나님의 뜻'이란 발언은 식민지배의 정당화가 아니라 하나님의 역사 섭리에 대한 신앙적 해석"[3]이라고 옹호한 **샬롬을 꿈꾸는 나비행동**(샬롬나비, 대표: 김영한 박사)의 성명서와 문씨의 발언을 지지한 복음주의 목사들을 맨 정신으로 목도해야하는 암담한 상황입니다. 정말 일제의 식민지배와 남북분단은 하나님의 뜻입니까? 세월호 참사는 하나님의 뜻입니까? 오늘 이 주제를 생각하면서 한국 복음주의 기독교 안에 오용되며 남용되고 있는 "하나님의 뜻"을 신약성서 속에서 간략하게 살펴보면서 올바른 이해와 지혜를 얻으려 합니다.

이 주제를 다루면서 첫째, 세월호 참사의 근본적인 원인에 대한 올바른 이해가 무엇인지 간략하게 언급할 것입니다. 둘째, 신약성서에 사용된 "하나님의 뜻"이라고 비교적 명시적으로 밝힌 부분들을 열거하면서 필요한 경우 간략한 문맥적 해설을 곁들일 것입니다. 셋째, 신약성서의

일) 참조하라.

2) http://sisterbliss.blog.me/220014126643 (2014년 7월 23일) 참조하라. 세월호 참사를 두고 벌어진 논란에 대하여 http://blog.naver.com/PostView.nhn?blogId=kjbgod68&log-No=220056908585(2014년 7월 23일)을 참조하라.

3) http://kidokin.kr/bbs/board.php?bo_table=i01&wr_id=807 (2014년 7월 23일) 참조하라.

"하나님의 뜻"이라고 명시된 구절들 가운데 요한복음의 몇 구절들을 비교적 자세히 살펴볼 것입니다.

1. 세월호 참사의 이해

세월호 참사를 바라보는 시각은 매우 중요합니다. 세월호 참사는 정말 하나님의 뜻입니까? 세월호 참사를 하나님의 뜻이라고 말하는 사람들은 먼저 그 사건의 원인과 이유, 등 모든 것이 하나님이 의도한 사건이라는 전제가 있습니다. 만일 그렇다면 무엇 때문에 하나님은 수많은 어린 학생들과 무고한 생명들을 물속에 수장되도록 했습니까? 하나님은 고귀한 생명을 그렇게 쉽게 빼앗아가는 무지막지하고 비정한 신神이십니까? 결코 그럴 수 없고, 그렇지 않습니다. 세월호 참사는 하나님의 뜻이라고 말하기 전에 먼저 악하고 어리석은 인간의 잘못으로 빚어진 참혹한 사건이라는 사실을 잊어서는 안 됩니다. 그래서 그 원인을 규명하고 책임자를 처벌해서 다시는 이런 사건이 되풀이 되지 않도록 하는 것이 현재 우리의 책임과 의무입니다.

세월호 참사의 배경에는 이미 알려진 것만으로도 어느 정도 그 원인을 쉽게 파악할 수 있을 정도입니다. 그 실례로 **첫째,** 노후 선박을 사용하지 못하도록 법으로 규제한 것을 완화시켜준 MB정부, **둘째,** 규제완화를 악용하여 경제적 손익만을 계산하고 노후 선박을 인수한 후 안전을 고려하지 않고 더 많은 이익만을 창출하려고 선박을 개조한 선박회사, **셋째,** 그렇게 개조한 선박의 안전을 제대로 점검 확인하지 않고 선박 운항을 허락한 선박운항 관계기관, **넷째,** 개조한 선박을 운항하면서 안전 규칙을 준행하지 않고 운행한 선박회사와 그 직원들, **다섯째,** 선박 운항과 관련하여 안전수칙을 지도 관리 감독해야 할 정부 관계 부처의 잘못된 관행과 안일한 업무 수행, 등등입니다. 결국 이 사건과 관련하여 선박 운행에 직접 관련이 있는 선박회사와 직원들, 선박 운항 관련 기관들과 정부의 관계 기관들이 안전은 고려하지 않은 채 무사안일의 관행적 업무와 법과 규정을 지키지 않은 부정직한 행태가 서로 얽혀져서 만들어낸 총체적 부실과 부패의 결과라고 진단할 수 있을 것입니다. 특히 이 모든 원인을 한 마디로 규정한다면 **안전에 대한 무감각과 사람보다 돈이 우선하는 자본주의적 태도가 근본원인**이라고 할 수 있습니다.

세월호 참사가 발생한 이후에도 이 사건을 처리하는 과정에서 보여준 총체적 부실과 부정직, 안전 불감증, 등은 이루 다 말하기 어려울 정도입니다. 그러기에 이 사건과 관련하여 그 원인과 이유를 보다 심도 있게 성역 없이 조사할 필요가 있습니다. 그래서 세월호 특별법 제정이 필요한 것입니다. 이것은 단순히 이 사건을 해결하기 위한 것뿐 아니라, 세월호 사건 이후에 이런 유사한 사건이 발생하지 않도록 우리 사회의 안전한 구조와 장치를 마련하여 보다 안전한 미래를 후세에 넘겨주기 위함입니다.

이런 점에서 세월호 참사와 같은 인재가 빚어낸 참혹하고 어처구니없는 사건을 너무 쉽게 "하나님의 뜻"이라고 말하는 것은 인간의 책임에 대하여 무감각하게 만드는 것이고, 법적 도덕적 책임 의식을 회피하게 만들 뿐입니다. "하나님의 뜻"이란 표현은 이런 사건을 두고 적용하도록 만들어진 말이 아닙니다. "하나님의 뜻"이라는 표현이 사용된 신약성서의 구절들을 살펴보면 인간의 불의와 부정직, 무책임이 만들어낸 결과를 표현하도록 의도하지 않았다는 것을 알 수 있습니다. 인간이 저지른 잘못을 "하나님의 뜻"이라고 말하는 것은 신성모독의 죄에 해당할 것입니다.

칼빈 신학에서 말하는 "하나님의 섭리" 개념에 의하면 어떤 재앙들은 인간의 죄를 다스리기 위하여 사용하시는 하나님의 연단으로 이해하기도 합니다. 하나님의 주권을 강조하고 하나님의 섭리와 예정을 말하는 신학의 입장에서 오히려 이런 사고는 자연스러운 것일지 모릅니다.[4] 하지만 모든 고난을 하나님 주권의 영역으로 돌리는 행위가 잘못을 저지른 가해자에게 면죄부를 주거나, 인간의 도덕적 책임과 의무에 대한 방종이 되어서는 안 될 것입니다. 인간의 죄악으로부터 초래된 사건들에 대해서 "하나님의 뜻"을 말하는 것은 무지와 도덕적 방종에 불과한 것입니다. 하나님의 주권을 인정한다는 것은 하나님 앞에서 겸손한 태도와 자세를 유지하는 것이지 어떤 사건에 대해서 무조건 "하나님의 뜻"이라고 단정하는 것이 아닙니다. 이제 신약성서에서 "하나님의 뜻"이라고 비교적 명시적으로 표현된 구절들을 살펴봅시다.[5]

2. 신약성서에 사용된 "하나님의 뜻"

신약성서에서 "하나님의 뜻"이라고 명시적으로 표현할 때 주로 사용되는 것은 '떼레마토스 떼우' 입니다. 여기서 사용되는 헬라어 '떼레마'

---

4) 신복윤, 『칼빈의 하나님 중심의 신학』, (수원: 합동신학대학원출판부, 2005), pp. 126-38 을 참조하라.
5) 앞으로 언급될 신약성서의 "하나님의 뜻"과 관련된 구절들은 매 구절마다 자세한 문맥적 석의가 필요한 경우가 대부분이다. 하지만 시급한 발제의 상황으로 인하여 충분히 고려하지 못한 점이 무척 아쉽다. 다만 독자가 문맥 속에서 "하나님의 뜻"이 무엇인지 자세히 묵상하며 연구하는 계기가 되기를 기대할 뿐이다. 필자에게 후일에 이 구절들을 보다 자세하게 연구할 기회가 주어지길 기대한다.

는 "의지, 뜻, 욕망"will, wish, desire, 등의 의미입니다.[6] 이 단어를 중심으로 신약성서에 명시적으로 사용된 "하나님의 뜻"을 살펴봅시다.

2.1. 공관복음서와 사도행전에서 "하나님의 뜻"

마태복음 7:21, "나더러 주여 주여 하는 자마다 다 천국에 들어갈 것이 아니요 다만 하늘에 계신 내 아버지의 뜻대로 행하는 자라야 들어가리라."

마태복음 12:50, "누구든지 하늘에 계신 내 아버지의 뜻대로 하는 자가 내 형제요 자매요 어머니이니라 하시더라."

마태복음 18:14, "이와 같이 이 작은 자 중의 하나라도 잃는 것은 하늘에 계신 너희 아버지의 뜻이 아니니라."

마태복음 26:42, "다시 두 번째 나아가 기도하여 이르시되 내 아버지여 만일 내가 마시지 않고는 이 잔이 내게서 지나갈 수 없거든 아버지의 원대로 되기를 원하나이다 하시고,"

마태복음에서 "아버지의 뜻"이라고 표현된 것은 곧 "하나님의 뜻"을 의미합니다. 마태복음에서 위의 네 구절 외에 여러 구절들을 "하나님의 뜻"과 관련하여 언급할 수 있으나, 가장 분명하게 "하나님의 뜻"이 드러나는 경우만을 제시한 것입니다. 마태는 하나님을 하늘에 계신 분으로 이해하는 유대적 사고를 드러내고 있습니다. 더욱이 유대인들은 하나님을 이방인의 아버지가 아니라, 오직 자신들만의 아버지가 되신다는 생각 속에서 하나님을 "아버지"라고 불렀습니다. 그래서 마태는 "하늘에 계신 아버지의 뜻"이란 표현을 통해서 "하나님의 뜻"을 드러냅니다. 마태복음

---

6) Bauer, W. and F.W. Danker, *A Greek−English Lexicon of the New Testament and Other Early Christians Literature* (Chicago: University of Chicago Press, 3rd edn, 2000), p. 447을 보라.

에서 "아버지의 뜻"은 하나님의 명령, 계명, 말씀, 약속, 등의 의미로 사용됩니다. 마태복음 26:42의 "아버지의 원대로"는 "아버지의 뜻대로" 라고 번역해야 될 것입니다.

> 마가복음 3:35, "누구든지 **하나님의 뜻**대로 행하는 자가 내 형제요 자매요 어머니이니라."

마가복음에서 "하나님의 뜻"은 마태복음 12:50과 평행 본문으로 하나님의 명령, 약속, 말씀 등의 의미입니다.

> 사도행전 21:14, "그가 권함을 받지 아니하므로 우리가 **주의 뜻**대로 이루어지이다 하고 그쳤노라."
>
> 사도행전 22:14, "그가 또 이르되 우리 조상들의 **하나님**이 너를 택하여 너로 하여금 **자기 뜻**을 알게 하시며 그 의인을 보게 하시고 그 입에서 나오는 음성을 듣게 하셨으니"

사도행전은 "하나님의 뜻" 보다는 자주 "주의 뜻"이란 표현이 등장합니다. 하지만 두 표현 사이에 특별한 의미의 차이를 만들고 있지 않습니다. 그 의미는 마태복음과 거의 동일합니다.

2.2. 요한문헌[7]에서 "하나님의 뜻"

> 요한복음 4:34, "예수께서 이르시되 나의 양식은 **나를 보내신 이의 뜻**을 행하며 그의 일을 온전히 이루는 이것이니라."
>
> 요한복음 5:30, "내가 아무 것도 스스로 할 수 없노라 듣는 대로 심판

---

7) 요한문헌은 요한복음과 요한의 세 서신서 및 요한계시록을 포함한 것이다.

하노니 나는 나의 뜻대로 하려 하지 않고 **나를 보내신
이의 뜻**대로 하려 하므로 내 심판은 의로우니라."

요한복음 6:38-40, "³⁸내가 하늘에서 내려온 것은 내 뜻을 행하려 함
이 아니요 **나를 보내신 이의 뜻**을 행하려 함이니라 ³⁹
나를 보내신 이의 뜻은 내게 주신 자 중에 내가 하나도
잃어버리지 아니하고 마지막 날에 다시 살리는 이것이
니라 ⁴⁰**내 아버지의 뜻**은 아들을 보고 믿는 자마다 영생
을 얻는 이것이니 마지막 날에 내가 이를 다시 살리리
라 하시니라."

요한복음 7:17, "사람이 **하나님의 뜻**을 행하려 하면 이 교훈이 하나님
께로부터 왔는지 내가스스로 말함인지 알리라."

요한복음 9:31, "**하나님**이 죄인의 말을 듣지 아니하시고 경건하여 **그
의 뜻**대로 행하는 자의말은 들으시는 줄을 우리가 아나
이다."

요한일서 2:17, "이 세상도, 그 정욕도 지나가되 오직 **하나님의 뜻**을
행하는 자는 영원히 거하느니라."

요한일서 5:14, "그를 향하여 우리가 가진 바 담대함이 이것이니 **그의
뜻**대로 무엇을 구하면 들으심이라."

요한계시록 4:11, "우리 주 하나님이여 영광과 존귀와 권능을 받으시
는 것이 합당하오니 주께서 만물을 지으신지라 만물이
주의 뜻대로 있었고 또 지으심을 받았나이다 하더라."

요한서신과 요한계시록에서 "하나님의 뜻"은 하나님의 명령 또는 계

명요 2:17, 하나님의 약속요 5:14, 창조의 목적계 4:11, 등의 의미입니다.[8]

2.3. 바울서신에서 "하나님의 뜻"

로마서 1:10, "어떻게 하든지 이제 **하나님의 뜻** 안에서 너희에게로 나
아갈 좋은 길 얻기를 구하노라."

로마서 2:18, "율법의 교훈을 받아 **하나님의 뜻**을 알고 지극히 선한
것을 분간하며"

로마서 12:2, "너희는 이 세대를 본받지 말고 오직 마음을 새롭게 함으
로 변화를 받아 **하나님의 선하시고 기뻐하시고 온전하
신 뜻**이 무엇인지 분별하도록 하라."

로마서 15:32, "나로 **하나님의 뜻**을 따라 기쁨으로 너희에게 나아가
너희와 함께 편히 쉬게하라."

로마서에서 "하나님의 뜻"은 하나님의 약속, 계획, 의도, 소원, 섭리,
등의 의미입니다. 이런 하나님의 뜻은 복음과 깊은 관련이 있고, 결국 하
나님의 인류 구속이라는 큰 역사를 드러내는 표현이기도 합니다. 특히
로마서에서 "하나님의 뜻"은 인간의 윤리 도덕적 책임과 관련하여 자주
언급됩니다롬 2:18; 12:2. 이 때 "하나님의 뜻"은 인간이 따르고 순종해야
할 윤리 도덕적 명령이며, 이 뜻을 이루어 하나님의 나라를 이 땅에 실현
시키는 것입니다.

고린도전서 1:1, "**하나님의 뜻**을 따라 그리스도 예수의 사도로 부르심
을 받은 바울과 형제 소스데네는"

---

8) 요한복음에 사용된 "하나님의 뜻"과 관련해서는 이 글의 뒷부분에서 자세히 언급할
것이다.

고린도후서 1:1, "하나님의 뜻으로 말미암아 그리스도 예수의 사도 된
바울과 형제 디모데는 고린도에 있는 하나님의 교회와
또 온 아가야에 있는 모든 성도에게"
고린도후서 8:5, "우리가 바라던 것뿐 아니라 그들이 먼저 자신을 주
께 드리고 또 하나님의 뜻을 따라 우리에게 주었도다."

갈라디아서 1:4, "그리스도께서 하나님 곧 우리 아버지의 뜻을 따라
이 악한 세대에서 우리를 건지시려고 우리 죄를 대속하
기 위하여 자기 몸을 주셨으니"

고린도전후서와 갈라디아서에서 "하나님의 뜻"은 하나님의 부르심,
하나님의 계획, 의도, 등의 의미입니다.

에베소서 1:1, "하나님의 뜻으로 말미암아 그리스도 예수의 사도 된
바울은 에베소에 있는 성도들과 그리스도 예수 안에 있
는 신실한 자들에게 편지하노니"
에베소서 1:5, "그 기쁘신 뜻대로 우리를 예정하사 예수 그리스도로
말미암아 자기의 아들들이 되게 하셨으니"
에베소서 1:9, "그 뜻의 비밀을 우리에게 알리신 것이요 그의 기뻐하
심을 따라 그리스도 안에서 때가 찬 경륜을 위하여 예
정하신 것이니"
에베소서 1:11, "모든 일을 그의 뜻의 결정대로 일하시는 이의 계획을
따라 우리가 예정을 입어 그 안에서 기업이 되었으니"
에베소서 5:17, "그러므로 어리석은 자가 되지 말고 오직 주의 뜻이 무
엇인가 이해하라."

에베소서 6:6, "눈가림만 하여 사람을 기쁘게 하는 자처럼 하지 말고
그리스도의 종들처럼 마음으로 **하나님의 뜻**을 행하고"

에베소서에서 바울은 그리스도인이 하나님의 자녀가 되는 것이 하나
님의 뜻이며 이일을 위하여 예수께서 이 세상에 오셔서 십자가 위에서
죽으셨음을 분명히 가르치고 있습니다. 에베소서에서 하나님의 뜻은 인
간을 사랑하신 하나님의 사랑이 어떻게 예수 그리스도의 십자가 고난을
통해서 드러났는가를 알려줍니다. 특히 에베소서 5:17과 6:6의 "하나님
의 뜻"은 인간의 윤리 도덕적 책임과 관련하여 따라야 할 모범과 순종해
야 할 하나님의 명령을 의미합니다.

골로새서 1:1, "**하나님의 뜻**으로 말미암아 그리스도 예수의 사도 된
바울과 형제 디모데는"
골로새서 4:12, "그리스도 예수의 종인 너희에게서 온 에바브라가 너
희에게 문안하느니라 그가 항상 너희를 위하여 애써 기
도하여 너희로 **하나님의 모든 뜻** 가운데서 완전하고
확신 있게 서기를 구하나니"

골로새서 1:1에서 "하나님의 뜻"은 하나님의 섭리, 의도, 소원, 계획,
등의 의미로 바울이 어떻게 예수 그리스도의 사도가 되었는지를 밝히는
데 사용하고 있습니다. 골로새서 4:12의 "하나님의 모든 뜻"은 하나님의
명령, 계명, 약속, 등의 의미로 사용되고 있습니다.

데살로니가전서 4:3, "**하나님의 뜻**은 이것이니 너희의 거룩함이라 곧
음란을 버리고"

데살로니가전서 5:18, "범사에 감사하라 이것이 그리스도 예수 안에서 너희를 향하신 **하나님의 뜻**이니라."

바울은 데살로니가전서에서 "하나님의 뜻"이 데살로니가 교회 성도들의 거룩함이기에 음란을 버리라고 가르칩니다. 또한 성도가 모든 일에 감사하는 것이 하나님의 뜻이라고 말합니다. 데살로니가전서에서 바울은 "하나님의 뜻"과 인간의 윤리 도덕적 책임을 연관시켜서 성도가 따라야 할 하나님의 계명, 말씀, 교훈, 등의 의미로 사용합니다.

디모데후서 1:1, "**하나님의 뜻**으로 말미암아 그리스도 예수 안에 있는 생명의 약속대로 그리스도 예수의 사도 된 바울은"

바울은 자신이 사도가 된 것을 자신의 계획이나 의도가 아니라, 하나님의 목적과 의도였다는 것을 거의 모든 서신의 첫머리에서 매우 분명하게 강조하고 있습니다.고전 1:1, 고후 1:1, 엡 1:1, 골 1:1, 딤후 1:1 이런 경우 "하나님의 뜻"은 하나님의 계획, 의도, 섭리, 목적, 역사인 것을 분명히 알 수 있습니다. 바울은 자신이 사도가 된 것이 하나님의 큰 역사 가운데 이루어진 하나님의 섭리였음을 성도들에게 밝히면서 "하나님의 뜻"이란 표현을 사용한 것입니다.

2.4. 공동서신에서 "하나님의 뜻"
히브리서 10:7, "이에 내가 말하기를 하나님이여 보시옵소서 두루마리 책에 나를 가리켜 기록된 것과 같이 **하나님의 뜻**을 행하러 왔나이다 하셨느니라."
히브리서 10:9-10, "⁹그 후에 말씀하시기를 보시옵소서 내가 하나님

의 뜻을 행하러 왔나이다 하셨으니 그 첫째 것을 폐하
심은 둘째 것을 세우려 하심이라 [10]이 뜻을 따라 예수
그리스도의 몸을 단번에 드리심으로 말미암아 우리가
거룩함을 얻었노라."

히브리서 10:36, "너희에게 인내가 필요함은 너희가 **하나님의 뜻**을 행
한 후에 약속하신 것을 받기 위함이라"

히브리서 13:21, "[평강의 하나님]이 모든 선한 일에 너희를 온전하게 하사
자기 뜻을 행하게 하시고 그 앞에 즐거운 것을 예수 그
리스도로 말미암아 우리 가운데서 이루시기를 원하노
라 영광이 그에게 세세무궁토록 있을지어다 아멘."

히브리서 기자는 하나님의 뜻과 예수의 십자가 사건을 연관시키면서
교훈합니다. 이 경우 "하나님의 뜻"은 하나님의 계획과 의도, 목적의 의
미입니다. 히브리서에서 예수는 하나님의 계획 속에서 이 세상에 오셔서
영원하고 일회적인 희생의 제물로 자신을 십자가에 내어주었다는 사실
을 가르쳐줍니다.

베드로전서 2:15, "곧 선행으로 어리석은 사람들의 무식한 말을 막으
시는 것이라."

"선을 행함으로 어리석은 자들의 무지한 입을 막는
것이 **하나님의 뜻**입니다." 〈새번역〉[9]

베드로전서 3:17, "선을 행함으로 고난 받는 것이 **하나님의 뜻**일진대
악을 행함으로 고난 받는 것보다 나으니라."

---

9) 벧전 2:15은 개역개정이 헬라어 원문의 의미를 드러내지 못하고 있어서 〈새번역〉을 제
시한다. 새번역은 헬라어 원문을 보다 잘 이해할 수 있도록 번역하고 있다.

베드로전서 4:2, "그 후로는 다시 사람의 정욕을 따르지 않고 **하나님의 뜻**을 따라 육체의 남은 때를 살게 하려 함이라."

베드로전서 4:19, "그러므로 **하나님의 뜻**대로 고난을 받는 자들은 또한 선을 행하는 가운데에 그 영혼을 미쁘신 창조주께 의탁할지어다."

베드로전서에서 "하나님의 뜻"은 그리스도인이 따라야 할 책임과 관련하여 사용되고 있습니다.^{벧전 2:15; 3:17; 4:19} 특히 그리스도인이 고난 받는 것과 관련하여, 그 고난이 하나님의 섭리와 의도 속에 있음을 알려줍니다.^{벧전 3:17; 4:19} 고난과 관련하여 사람이 하나님의 의도를 안다면 애매하게 고난당할 때 견딜 수 있을 것이며, 하나님의 목적과 의도를 생각하며 참을 수 있을 것입니다.

요약하면, 신약성서에서 "하나님의 뜻"은 문맥에 따라 "하나님의 의도, 계획, 생각"으로 이해할 수 있고, 자주 "하나님의 명령, 가르침, 약속"의 의미로 사용되었습니다. 이런 점에서 "하나님의 뜻"을 안다는 것은 지식을 필요로 합니다. 그 지식은 성경을 아는 지식입니다. 성경을 아는 지식이란 곧 하나님이 누구신지, 세상이 어떻게 창조되었는지, 인간은 누구인지, 예수는 누구신지, 죄는 무엇인지, 세상의 종말은 무엇인지, 등등에 관한 지식을 의미합니다. 이 지식이 없는 사람은 하나님의 뜻을 알 수도 없고, 말할 수도, 말할 자격도 없습니다. 하지만 성경을 알기 위해서는 단순히 성경 자체뿐만 아니라, 인문학적 소양을 갖추어야 하기에 문학, 역사, 철학, 등등에 관한 지식이 필요합니다.

지금까지 살펴본 대로 신약성서에서 사용된 "하나님의 뜻"과 관련해서 세월호 참사를 이해하려고 할 때, 누구라도 "세월호 참사는 하나님의 뜻입니다."라고 단정적으로 말할 수 없습니다. 인간의 잘못으로 빚어진 세월호 참사를 하나님의 뜻이라고 말하는 것은 신성모독에 해당할 것입니다. 성경을 배우고 성경을 가르친다는 목회자들과 지도자들이 너무 쉽게 세월호 참사를 "하나님의 뜻"이라고 말하거나, 일제식민지배와 6.25 동란과 남북분단을 하나님의 뜻이라고 말하는 사람과 이렇게 말한 사람에게 동조하는 목회자들과 샬롬나비는 신약성서에서 사용된 "하나님의 뜻"을 호도하는 것일 수 있습니다. "하나님의 뜻"이란 표현을 인간의 어떤 사고나 사건에 대하여 사용할 때는 먼저 정확한 의미를 규정하고 보다 적절한 표현을 사용해야 할 것입니다.

3. 요한복음에서 "하나님의 뜻"

요한복음 4:34, "예수께서 이르시되 나의 양식은 나를 보내신 이의 뜻을 행하며 그의 일을 온전히 이루는 이것이니라."

요한복음 5:30, "내가 아무 것도 스스로 할 수 없노라 듣는 대로 심판하노니 나는 나의 뜻대로 하려 하지 않고 나를 보내신 이의 뜻대로 하려 하므로 내 심판은 의로우니라."

요한복음 6:38-40, "[38]내가 하늘에서 내려온 것은 내 뜻을 행하려 함이 아니요 나를 보내신 이의 뜻을 행하려 함이니라.[39] 나를 보내신 이의 뜻은 내게 주신 자 중에 내가 하나도 잃어버리지 아니하고 마지막 날에 다시 살리는 이것이니라.[40] 내 아버지의 뜻은 아들을 보고 믿는 자마다 영생을 얻는 이것이니 마지막 날에 내가 이를 다시 살리리라 하시니라."

요한복음에서 예수는 자주 자신을 하나님이 보낸 자로 인식하고 마치 구약성서의 예언자처럼 자신을 드러냅니다.[10] 그래서 요한복음은 "하나님의 뜻"이란 표현보다 "나를 보내신 이의 뜻"이 자주 등장합니다. 요한복음에서 하나님과 예수의 관계는 아버지와 아들의 관계로 인식됩니다. 그러므로 요한복음에서 예수는 자신을 하나님 아버지의 아들로 인식하며 하나님을 아버지라 부릅니다. 특히 요한복음 6:38-40에서 예수는 자신이 이 세상에 오신 것이 "나를 보내신 이의 뜻"을 행하러 왔다고 말합니다. "나를 보내신 이의 뜻"은 곧 "하나님의 뜻"으로 하나님의 목적, 계획, 의도, 등의 의미입니다. 예수를 이 세상에 보내신 분은 하늘의 하나님이십니다.[11]

예수께서 이해하신 "하나님의 뜻"은 요한복음 6:39-40에서 '³⁹나를 보내신 이의 뜻은 내게 주신 자 중에 내가 하나도 잃어버리지 아니하고 마지막 날에 다시 살리는 이것이니라. ⁴⁰내 아버지의 뜻은 아들을 보고 믿는 자마다 영생을 얻는 이것이니 마지막 날에 내가 이를 다시 살리리라 하시니라."라고 한 것처럼 예수 그리스도의 십자가 사건으로 말미암은 인간의 구원과 영생인 것을 분명히 알게 합니다. 예수를 그리스도로 믿고 고백하는 모든 사람이 마지막에 영원한 생명을 갖도록 하는 것이 하나님의 뜻이며, 이 일을 이루시려고 예수께서 이 세상에 오신 것입니다. 요한복음에서 "하나님의 뜻"은 인간의 구원이란 주제와 직접 관련이 있습니다.

---

10) 요한복음의 선지자 예수에 관한 자세한 논의는 필자의 책, Sukmin Cho, *Jesus as Prophet in the Fourth Gospel*. New Testament Monographs 15 (Sheffield: Sheffield Phoenix Press, 2006), pp. 254-84를 참조하라.

11) 조석민, 『요한복음의 새관점』, (서울: 솔로몬, 2008)을 참조하라.

요한복음 7:17, "사람이 **하나님의 뜻**을 행하려 하면 이 교훈이 하나님
께로부터 왔는지 내가 스스로 말함인지 알리라."

이 말씀은 초막절에 예수께서 예루살렘에 올라가셔서 사람들에게 가
르침을 베푸실 때 하신 말씀입니다. 유대인들은 이 때 까지도 예수를 거
짓 선지자로 취급하였습니다. 물론 그 가운데는 예수를 참 선지자로 이
해한 사람들과 그리스도로 이해한 사람까지 있었습니다. 참조. 요 7:40-42
사람들은 예수의 가르침을 들었을 때 모두 놀라서 "이 사람이 배우지 않
았는데 어떻게 학문을 아느냐?"요 7:15라고 하면서 놀라워했습니다. 이 때
예수께서 정말 "하나님의 뜻"을 행하려면 그 교훈이 참 교훈인지 아니면
거짓 교훈인지 알아야 할 것이라고 가르친 내용이 요한복음 7:17의 말씀
입니다. 이 때 "하나님의 뜻"은 하나님의 교훈, 명령, 약속의 의미입니다.

요한복음 9:31, "**하나님**이 죄인의 말을 듣지 아니하시고 경건하여 그
의 **뜻**대로 행하는 자의 말은 들으시는 줄을 우리가 아
나이다."

이 본문은 태어나면서부터 눈먼 사람을 고쳐주신 사건 후에 기적적으
로 눈을 뜨게 된 사람이 예수를 증언하는 내용입니다. 태어나면서부터
눈먼 사람이 눈을 뜨게 된 것이 마치 예수께서 하나님께 기도하여 그 응
답으로 자신이 고침을 받게 된 것으로 이해하고 있는 내용입니다. 여기
서 "그의 뜻"하나님의 뜻은 하나님의 교훈, 명령, 약속의 의미로 사용된 것
입니다.

나가는 말

우리는 대한민국의 현대사 속에서 이미 세월호 사건과 유사한 사건들, 서해 훼리호 침몰1993년, 성수대교의 붕괴1994년, 삼풍백화점의 붕괴1995년, 대구 지하철 화재 참사2003, 경주 리조트 붕괴2014년, 등등 수많은 사건 사고들을 목격했고 경험했지만 크게 달라진 것이 없다는 것을 잘 알고 있습니다. 부끄럽고 참담한 우리의 현실입니다. 하지만 이제는 세월호 참사 이전과 이후가 달라져야 할 것입니다. 아무런 변화 없이 이대로는 살수 없습니다. 그리스도인들이 정말 하나님의 나라가 이 땅에 임하기를 매일 기도한다면 이제는 행동으로 보여줄 때입니다. 우리 사회에 세월호 이전과 이후가 달라지도록 모든 그리스도인들이 실천적인 삶으로, 적극적인 행동으로 보여주어야 할 때입니다.

세월호 참사는 역사적인 맥락에서 하나님이 분명히 인지하고 계시는 사건입니다. 그것은 하나님께서 이 참사를 빚어낸 사람들의 악행을 알고 계시며, 애매하게 죽어간 영혼들과 남겨진 유족들의 슬픔과 고통을 알고 계신다는 의미입니다. 세월호 참사를 하나님의 뜻이라고 공개석상에서 말한 목사들과 일제식민지배와 남북분단을 하나님의 뜻이라고 말한 문창극 장로의 말, 그리고 그 말에 동조한 샬롬나비의 성명서 발표와 같은 어리석고 무지한 일은 다시는 되풀이 되지 않아야 할 것입니다.

2014년 4월 16일 진도 앞바다에서 476명의 승객과 화물을 태운 채 침몰한 세월호 참사는 하나님의 뜻이 아니라 인간이 저지른 죄악의 결과입니다. 세월호 참사는 자신의 책임과 의무를 다하며 생명을 소중히 여겨야 할 사람들이 타성에 젖은 관행과 안전에 대한 안일한 생각과 태도, 돈에 눈이 어두운 선박회사와 이를 철저히 관리감독하지 않은 정부 관계부

처들의 합작으로 이루어진 대한민국의 적나라한 인간 참사의 대표적인 결과물 가운데 하나입니다. 우리가 분명히 알아야 할 것은 세월호 참사는 하나님의 뜻이 아니라 인간에게 주어진 자유의지를 악용한 사악한 인간들의 잘못이라는 점입니다. 신약성서에 등장하는 "하나님의 뜻"은 세월호 참사와 같은 사건에 사용할 수 있는 표현이 아닙니다.[12]

---

12) 이 글을 읽은 독자들은 "하나님의 뜻"과 관련하여 신약성서의 구절들을 참고하면서 과연 인간의 잘못과 죄악으로 빚어진 사건 및 참사들에 대해서 "하나님의 뜻"을 적용할 수 있을지 심각하게 고민해야 할 것이다.

성서의 하나님은
일제 식민역사에 어떻게 개입하실까?

김근주 교수

기독연구원 느헤미야 전임연구위원 | 학술부원장

일본제국주의가 조선을 강제로 병합하여 식민지 삼았던 36년은 조선에게는 치욕적인 시간이었다. 그럼에도 이 시기는 애써 부정되거나 모른 체 해서는 안될 역사이며, 더욱 열심히 연구하고 살피고 기억해야 할 역사이기도 하다. 문창극씨의 문제가 되는 강연 역시 그러한 맥락에서 일제 시기를 하나님께서 고난을 통해 우리 민족을 영글게 한 시기로 해석하고 있으며, 애석하지만 상심할 필요 없는, 하나님의 뜻이 있던 시기라고 풀이하고 있다. 일제와 분단은 하나님께서 이 백성을 쓰시기 위해 허락하신 고난의 시기라는 식의 해석은 얼핏 들어 크게 문제가 될 것 없어 보인다. 사실 이런 식의 힘겨운 삶에 대한 해석은 수많은 그리스도인들이 자신의 삶에 임한 고난과 고초를 해석하는 방식이기도 할 것이다. 그런 점에서 그의 해석은 어쩌면 액면으로는 문제가 없을 수 있다. 그러나 그의 식민지 시절에 대한 이해 이면에 놓여 있는 것과 함께 고려하면 문제가 달라진다. 그의 강연 전반에 흐르고 있는 사고를 보여주는 것들에는, '더럽고 지저분하고 게으른 조선'이라는 인식 그리고 그에 비해 '일본은 참 깨끗하구나'라고 보았다는 미국 선교사들의 생각에 대한 언급, 기독교 신앙을 가진 이승만에 대한 매우 긍정적인 묘사, 게으르고 일하기 싫어하는 사람들이 좋아하는 것이 공산주의이며 미국을 통해 도우시려고 분단과 한국전쟁을 경험하게 하셨다는 식의 표현 등이 있는데, 이러한 언급들은 우리 민족 역사에 대한 지독한 편견과 몰상식, 노예근성, 그리고 미국에 대한 사대주의적 사고를 적나라하게 보여준다. 그런데 그의 발언보다 더 놀라운 것은 그의 발언에 대해 교계 내에 지지하는 소리들이 꽤 있었다는 점인데, 여기에는 여러 신학자들과 유명하다는 목회자들도 포함되어 있었다. 결국 그의 발언은 단지 개인의 의견을 넘어서, 한국 기독교가 이제껏 역사와 현실을 어떻게 바라보고 이해해 왔는지를 보여주는 단적인 사건이라고까지 말할 수 있다. 이와 더불어 지난 4월 이래 온 국민의 슬픔의 근원이 된 세월호 참사 역시 종종 교계 안에서 '하나님의 뜻'이라는 취지의 말로 언급되는 경우들이 있었다는 점에서, 험난한 시대 속에서 예수 믿고 살아간다는 것이 무엇인지, 우리 살아온 삶을 신앙적으로 이해한다는 것이 무엇인지 근본적으로 재고해야 할 시점에 오늘의 교회가 놓여 있음을 발견하게 된다.

　망해 가는 나라에 살았던 예레미야는 그들을 멸망시키려 하는 바벨론에 저항하지 말고 항복할 것을 촉구한다. 그와 거의 비슷한 시기를 살았던 다니엘은 그렇게 망해서 바벨론에 끌려간 이스라엘을 대변하고 있으며, 역시 바벨론 체제에 저항하지 않고 바벨론 신의 이름을 따라 불리게 되는 것도 개의치 않아 보인다.단4:8 그들의 행동은 오늘 우리에게 규범이 되는가? 우리 역시 제국주의 국가의 침략과 식민지 지배, 약탈에 대해 예레미야처럼 다니엘처럼 묵묵히 순종하여 섬겨야 하는가? 여기에는 구약 성경을 어떻게 해석할 것인가라는 기본적인 해석학적인 문제가 연관되어 있다. 예레미야와 다니엘의 행동을 평면적으로 오늘을 위한 규범으로 적용할 수는 없다. 가령 우리는 구약의 곳곳에서 절기나 제의와 연관된 말씀을 만나게 되지만 오늘날에 그대로 연결시키지 않는다. 두 재료로 섞어 짠 옷을 입지 말라는 규례를 보지만 오늘날 그대로 따르지 않는다. 심지어 바울이 여성들은 교회에서 긴 머리이든지 머리에 무엇을 쓰든지 하라고 강력하게 권면해도,^{고전11:1-16} 오늘의 교회는 전혀 그에 귀기울이지 않는다. 이러한 현실은 오늘의 교회가 성경을 글자 그대로 받는 것이 아니라 해석하고 있음을 보여준다. 구약과 신약의 말씀은 그 때 그 시대의 의미를 깊이 드러내면서 오늘 우리 시대에 어떤 의미를 지니게 되는지 심사숙고 되어야 한다. 이것을 염두에 두지 않은 채로 지나간 시대를 하나님의 뜻으로 풀이하게 된다면 필연적으로 예레미야와 다니엘 같은 이들을 제국주의 체제에 충성한 사람으로 그리게 될 수 밖에 없을 것이다. 그리고 일제 시대가 하나님의 뜻이라면 당연히 그 모든 독립운동과 일제에 대한 저항은 현실을 인정하지 않는 어리석은 행동에 불과하게 된다. 사실 그렇기에 이 땅의 지배 기득권 세력들은 일제에 영합했다. 그리고 일본이 망하자 즉각 새로운 지배세력인 미국에 영합했고, 문창극씨의 발언처럼 미국이 마치 구세주이기라도 한 것처럼 그리게 될 수밖에 없다. 그런 점에서 예수 믿는 신앙은 필연적으로 주어진 말씀인 성경의 올바른 해석을 추구하는 신앙, 심사숙고의 신앙이어야 한다.

바벨론에 항복할 것을 촉구한 예레미야

여호야김 4년^{주전 605년} 느부갓네살이 애굽왕 느고를 갈그미스에서 쳐부순 이래,^{렘46:2} 유다를 비롯한 팔레스타인 전역의 패권은 바벨론의 수중에 들어가게 되었다. 이전까지 그 백성들을 향해 돌아오라 외치던^{렘 3:1-4:4} 예레미야는 여호야김 4년 이래 유다가 바벨론에 패망하게 될 것임을 선포하였다.렘25:1-11 예레미야에 따르면 시드기야의 유다가 해야 할 일은 바벨론에 저항하고 국가의 독립을 확보하는 것이 아니라 바벨론에 항복하고 느부갓네살을 섬기는 것이었다.렘27:12-15

이것은 그들에게 주어진 운명에 순종하는 것을 의미하지 않는다. 유다의 패망은 철저하게 하나님의 뜻, 하나님의 명령을 어기고 불순종한 것의 결과이다. 예레미야는 그의 사역 내내 하나님의 명령을 증거하며 여호와께 돌아오라 외쳤다. 여호와께로 돌아간다는 것의 의미는 무엇인가?

> "여호와께서 이르시되 이스라엘아 네가 돌아오려거든 내게로 돌아오라 네가 만일 나의 목전에서 가증한 것을 버리고 네가 흔들리지 아니하며 진실과 정의"미슈파트"와 공의"쩨다카"로 여호와의 삶을 두고 맹세하면 나라들이 나로 말미암아 스스로 복을 빌며 나로 말미암아 자랑하리라"렘4:1-2

예레미야가 촉구한 '정의와 공의'는 하나님을 단적으로 표현하는 개념이며, 다윗의 이름으로 일어날 의로운 가지의 통치를 나타내기도 한다.

> "자랑하는 자는 이것으로 자랑할지니 곧 명철하여 나를 아는 것과 나 여호와는 사랑과 정의와 공의를 땅에 행하는 자인 줄 깨닫는 것이라 나는 이 일을 기뻐하노라 여호와의 말씀이니라"렘 9:24
> "여호와의 말씀이니라 보라 때가 이르리니 내가 다윗에게 한 의로운 가지를 일으킬 것이라 그가 왕이 되어 지혜롭게 다스리며 세상에서 정의와 공의를 행할 것이며 그의 날에 유다는 구원을 받겠고 이스라엘

은 평안히 살 것이며 그의 이름은 여호와 우리의 공의라 일컬음을 받으리라"렘23:5-6

결국 하나님께로 돌아간다는 추상적인 표현의 실제적인 의미는 '정의와 공의를 행하는 삶' 임을 알 수 있다. '시드기야' 는 히브리어 발음으로 "찌드키야후" 즉, '야훼는 나의 공의' 라는 뜻이다. 그러나 그러한 고백이나 선언은 의미가 없다. 야훼를 신뢰하고 그 분께로 돌아간다는 것은 정의와 공의를 행하는 것이다. 그럴 때 정의와 공의를 행하는 다윗의 의로운 가지는 '여호와 우리의 공의' 즉, "아도나이 찌드케누"라 불리게 된다. 이 이름은 시드기야에 대한 풍자를 반영하고 있음이 분명하다. 야훼를 나와 우리의 공의라 고백하는 것은 야훼를 따르는 정의와 공의의 삶에 기반해 있는 것이다. 그렇기에 시드기야에게 바벨론에 순순히 항복할 것을 촉구렘 21:8-10한 예레미야는 곧바로 정의를 행할 것에 대한 하나님의 명령을 전한다.

"유다 왕의 집에 대한 여호와의 말을 들으라 여호와께서 이와 같이 말씀하시니라 다윗의 집이여 너는 아침마다 정의롭게"미슈파트" 판결하여 탈취 당한 자를 압박자의 손에서 건지라 그리하지 아니하면 너희의 악행 때문에 내 분노가 불 같이 일어나서 사르리니 능히 끌 자가 없으리라"렘21:11-12

멸망은 확정되었다. 그러나 언제건 하나님께로 돌아오라. 돌아간다는 것은 정의 즉 "미슈파트"를 행하는 것이다. 실제로 시드기야는 바벨론에 의해 예루살렘이 포위되었던 시절, 그야말로 멸망을 목전에 둔 시점에 뜻밖에 노예 해방을 단행하였다.렘34:8-10 적어도 예레미야 본문상으로 노예 해방에 대한 아무런 명시적인 명령이나 촉구가 없었는데도 시드기야와 귀족들은 이 일을 단행하였고, 놀랍게도 하나님께서는 예레미야를 통해 그의 조치를 가리켜 '하나님께로 돌아온 것'이라 칭하시며 하나님 보시기에 "바른 일"을 행한 것이라 평가하신다.렘34:15

멸망은 확정된 것이로되, 그것이 지금 당장의 현실을 제약할 그 무엇이지 않다. 내일 예루살렘이 망한다 해도 오늘 마땅히 해야 할 일, 노예를 자유케 하는 일은 시행되어야 한다. 시드기야의 행동은 참으로 예레미야가 줄기차게 증거한 정의와 공의의 삶에 부합된다. 그것이 '돌아가는 것'이다. 회개한다는 것은 예배를 더 드리는 것이지 않고, 성전에 또 찾아가는 것이지 않고, 아침마다 정의를 행하는 것이며, 압제하는 자의 손에서 고통 받는 이들을 건지는 것이다. 이것이 없다면 민족의 독립을 추구하고 국가의 재건을 추구하는 것은 무의미할 뿐이다. 그러한 돌이킴이 없다면 시드기야가 추구하는 바벨론으로부터의 독립은 그저 기득권을 놓지 않으려는 탐욕을 민족주의적 가치로 위장한 것일 따름이다. 예레미야의 멸망 예언에 비해, 하나냐 같은 예언자는 줄기차게 민족의 회복과 바벨론으로부터의 놓여남을 하나님의 이름으로 예언하였다.렘28:2-4,10-12 그러나 하나님의 이름으로 예언한다는 것이 아무 것도 의미하지 않는다. 하나냐는 민족의 죄악과 하나님을 떠난 현실에 대해 아무런 고려가 없이, 그저 하나님의 이름으로 회복과 구원, 은혜로운 미래를 전할 따름이다. 지난 잘못에 대한 올바른 인식과 반성이 없는, 영광스러운 민족의 앞날에 대한 예언은 하나님의 이름이 있든 없든 무의미한 탐욕의 소산일 뿐이다. 하나님께 대한 고백이 무엇을 결정하는 것이 아니라, 하나님의 말씀에 근거한 올바른 반성렘28:7-9이 결정적이다. 예루살렘이 망하기 전까지 예레미야는 시드기야 통치 내내 감옥에 갇혀 있었지만, 예루살렘이 망하자 자유의 몸이 되었다.렘39:11-14 다윗의 후예가 통치하는 동안 땅 없던 가난한 이들이 바벨론이 정복하게 되자 땅을 얻게 되었다.렘39:10 나라보다 다윗의 후예보다 훨씬 본질적이면서도 중요한 것은 각 사람들이 마땅히 누리게 되는 자유와 해방이라고 할 수 있으며, 이것이야말로 예레미야를 통해 선포된 '정의와 공의'를 행하는 삶을 의미할 것이다.

제국주의 패권국가의 신하로 살아간 다니엘

예레미야와 비슷한 모습을 다니엘에게서도 찾아볼 수 있다. 여호야김 3년에 바벨론에 사로잡혀 간 다니엘은 자신의 조국을 멸망시킨 바벨론의 관리로 살아가게 된다. 다니엘서 9장은 포로로 끌려 온 민족의 현실을 두고 민족의 죄악을 자신의 죄악으로 여기며 회개하는 다니엘의 기도를 보여준다. 그의 기도는 현재 민족의 참담함이 하나님의 율법을 행하지 않았기 때문임을 명백하게 고백한다. 멸망을 하나님의 율법을 어긴 죄악으로 인한 것이라 풀이하는 경향은 바벨론 포로기 이후 구약 문헌들에 공통적으로 나타나는 역사 반성이다. 이러한 예들은 에스라서 9:6-15와 느헤미야느 9:5-38를 비롯한 곳곳에서 볼 수 있다. 다니엘 역시 여호와께서 예언자들을 통해 선포한 말씀과 율법을 이스라엘이 행치 않았음을 고백한다.단 9:6-10 스가랴도 예언자들을 통해 선포한 말씀을 듣지 않았던 과거를 고발하고 있다.

> "만군의 여호와가 이같이 말하여 이르시기를 너희는 진실한 재판"미슈파트"을 행하며 서로 인애와 긍휼을 베풀며 과부와 고아와 나그네와 궁핍한 자를 압제하지 말며 서로 해하려고 마음에 도모하지 말라 하였으나 그들이 듣기를 싫어하여 등을 돌리며 듣지 아니하려고 귀를

막으며 그 마음을 금강석 같게 하여 율법과 만군의 여호와가 그의 영
으로 옛 선지자들을 통하여 전한 말을 듣지 아니하므로 큰 진노가 만
군의 여호와께로부터 나왔도다"슥7:9-12

스가랴가 외친 점은 다니엘에게서도 찾아볼 수 있다. 그는 느부갓네살
을 섬기는 바벨론의 관리였지만, 느부갓네살에게 임하게 될 하나님의 심
판 역시 담대하게 선포하였다. 그리고 이 심판을 면하기 위해서 왕에게
필요한 것이 무엇인지도 충고하고 있는데 아래의 말씀은 포로기 이전 구
약 예언자들과 포로기 이후 스가랴가 외친 말씀의 본질을 고스란히 담고
있다.

> "그런즉 왕이여 내가 아뢰는 것을 받으시고 공의아람어 "찌드카"=히브리어
> "쩨다카"를 행함으로 죄를 사하고 가난한 자를 긍휼히 여김으로 죄악
> 을 사하소서 그리하시면 왕의 평안함이 혹시 장구하리이다 하니라"단
> 4:27

이방왕을 향해 다니엘은 구약의 핵심적인 가르침인 공의를 적용하고
있으며, 그 공의는 '가난한 자 긍휼히 여기기'로 구체화된다. 놀라운 것
은 이방왕의 가난한 자 긍휼히 여기기를 죄사함과 연결시키고 있다는 점
이다. 다니엘이 믿고 섬기는 하나님의 진리를 지극히 이방적 현실로 풀
어내고 있다고 볼 수 있을 것이다.

바벨론에 대한 이해: 시편 137편

다니엘의 삶이 바벨론에 대한 충성이라는 말로 표현할 수 없다는 것을

위에서 다루었거니와 구약 성경이 바벨론에 대해 일관되게 표현하는 바는 훨씬 강력하다. 특히 이것이 두드러지게 드러난 것이 바벨론의 강변에서 유다 포로들이 불렀던 시편 137편이라고 할 수 있다. 이 시의 마지막 구절은 다음과 같다.

> "멸망할 땅 바벨론아 네가 우리에게 행한 대로 네게 갚는 자가 복이 있으리로다 네 어린 것들을 바위에 메어치는 자는 복이 있도다"시 137:8-9

이러한 기도는 단순히 개인적인 원한에 대한 보복을 말하는 것이지 않다. "네가 우리에게 행한 대로"에 담긴 것은 강대국 바벨론이 약소국인 유다를 어떻게 짓밟았으며, 바벨론에 끌려온 유다 백성들에게 어떻게 대했는지에 대한 고발이다. 바벨론에 멸망하는 것이 유다에 정하신 하나님의 뜻이었고, 이스라엘에게 대한 하나님의 심판이었지만, 그것이 바벨론이 유다에 저지른 짓에 대해 면죄부를 주는 것이지 않다. 그러기에 시편 기자는 낯선 땅을 살아가면서 바벨론의 멸망을 기원하고 갈망한다. 그 점에서 이러한 표현은 원수를 향한 대적과 저주의 기도에 닿아 있다.

저주의 기도는 기본적으로 철저하게 비폭력적인 기도이다. 137편의 표현 역시 철저하게 비폭력적이다. 그럼에도 우리는 이러한 말을 하는 것조차 두려워하며 어쩔 줄을 몰라 한다. 사람을 짓밟는 세력에 대해 심한 말을 하지 않으려고 애를 쓰면서 도리어 축복하지 못하는 우리 자신을 보고 죄책감까지 느끼게 만들곤 한다. 실제로 폭력을 휘두르며 약자를 짓밟는 이들이 바벨론이니, 그들을 향해 심판과 멸망을 선포하라. 폭력으로 대항하는 것은 힘이 있는 자들이나 할 수 있는 것이다. 힘 없는 포로들이 할 수 있는 것은 오직 하나님께서 역사하시기를 구하는 기도뿐이다.

　대적에 대한 저주의 말과 기도는 그들이 저지른 죄악에 대한 대적과 저주임도 명심해야 한다. 약자를 짓밟는 행동은 정당화될 수 없다. 히브리 노예를 건져내신 하나님을 믿는다는 것은 약자 위에 군림하고 지배하는 모든 지배 세력들에 대한 대적과 거부와 같은 선상에 있을 수 밖에 없을 것이다. 저주하지 않고 대적하지 않는다는 것은 그들의 행동을 죄로 생각하지 않는 사고에 기인할 수 있다. 그들의 지배를 하나님의 뜻이라 표현할 때, 우리는 자칫 그들의 폭력적이고 야만적인 행동조차 하나님의 뜻인 양 생각하기 쉽다. 그것은 뜻에 순종하는 태도가 아니라 불법적이고 폭력적인 야만적 지배를 당연시하는 노예 근성이 몸에 배어 있는 데서 나온 결과일 뿐이다. 이스라엘의 죄악과는 별개로, 약소민족에 대한 바벨론의 처사는 명백한 악이며 불의이다. 그리고 모든 불의는 하나님께 대한 대적이고 거역이며 불순종이다. 그러므로 시편 기자의 기도는 하나님을 거역하는 죄악과 불순종에 대한 심판이며 단호한 거부라고 이해할 수 있다.

　아울러 바벨론에 대한 시편 기자의 표현은 참담함의 원인을 무조건 내부에서만 찾는 것이 아니라, 외부의 대적에게서 찾았음을 보여주는 것이기도 하다. 세상에서 비참하고 참담한 일을 겪게 되었을 때 사람들은 종종 모든 문제의 원인을 자신의 내부에서 찾곤 한다. 물론 이러한 태도는 스스로의 반성과 성찰을 위해 꼭 필요한 태도일 것이다. 그러나 그것이 스스로의 어떤 부족함이나 모자람이 오늘과 같은 고통을 가져왔다고 여기며 자책하는 것과는 구별되어야 할 것이다. 특별히 사회경제적으로 어려운 지경에 처한 이들일수록 세상에서 뒤쳐지고 어려움을 겪고 있는 자신을 보며 자신이 못난 탓에 이러한 일을 당한다고 생각하기 쉽다는 점에서도, 반성과 자신 탓하는 자책은 구별되어야 함을 볼 수 있다. 시편 기자가 바벨론에 관해 사용하고 있는 표현은 바벨론에 대한 명백한 적대감을 반영한다. 이것은 까닭 없는 저주가 아니라, 바벨론이 저질렀던 짓에 대해 그들도 동일한 보응을 받아야 한다는 것을 표현한 것이다. 그 점에서 시편 기자는 바벨론이라는 대적 세력을 명확하게 인식하고 있다. 그래서 이 표현은 모든 문제가 나 자신의 문제인 것이 아니라, 나 바깥에 있는 대적 세력에서 기인한 것이 있음을 선언하고 있다고 볼 수 있다. 오늘 우리 현실에서도 이 땅의 가난한 이들이 겪는 어려움은 단순히 그들이 게으르고 부족한 탓 때문이 아니라, 그들 바깥에 있는 잘못되고 불의한 사회경제적 틀로 인한 부분도 크다. 그러나 대부분의 경우 신앙 공동체는 모든 문제를 자신의 문제로만 여기기 쉽고, 공동체 구성원들에게도 바깥이 아니라 오직 내부로만 시선을 돌리게 만들기도 한다. 시편의 기도와 저주의 기도는 우리 바깥에 있는 대적 세력을 명확히 인식할 것을 촉구하고 있다.

일제시대와 하나님의 뜻

문창극씨의 발언은 일제 시대를 하나님의 뜻으로 표현하면서 하나님께서 우리에게 주신 고난의 시간을 풀이한다. 이러한 풀이 자체야 문제될 것이 없을 수 있다. 정작 문제는 그럼 우리가 무엇을 어떻게 반성할 것이며 어떻게 돌이킬 것인가에 있다. 그리고 이 점에서 그의 발언에는 아무런 내용이 없다. 그저 조선 민족의 게으름, 일하기 싫어함, 더럽고 지저분함에 대한 지적이 있을 뿐이다. 이것은 역사를 반성한 것이 아니다. 조선의 역사에 대한 지극히 천박한 이해를 반영할 뿐, 선교사들의 저술에 담긴 일방적이고 편협한 시각을 반복한 사대주의적 사고일 뿐이다. 오히려 그의 발언에 있던 바, 구한말 양반 세력들의 게으름과 무능함에 대한 지적이 의미 있다고 볼 수 있다. 다만 이러한 과거에 대한 반성은 현재에 기득권 세력들이 다시 자신들의 이익을 위해 행하는 현실에 대한 반성으로 이어져야 하는데 그러한 내용을 찾아볼 수 없다는 점에서 유감 스럽다.

개인의 이런 저런 삶의 고초나 곤경을 하나님의 뜻으로 풀이하는 것은 어느새 우리네 기독교 신앙을 가진 이들의 독특한 언어 습관이 된 것 같다. 그리고 이런 표현을 사용하면 마치 기독교적인 것처럼 여기는 경향이 있기도 하다. 특히 정치인이나 연예인 같이 유명한 이들이 하나님께 영광을 돌린다든지 하나님의 뜻 같은 말을 공개적으로 표현하면 우리네 교회는 내용의 타당성 여부와는 상관없이 마치 그것이 우리네 신앙을 고백한 것으로 여기곤 해왔다. 그러나 고백이 기독교 신앙을 입증하는 경우는 그리 많지 않다. 오히려 기독교 신앙을 참으로 보여주는 것은 고백에 기반한 기독교적 가치라고 해야 할 것이다.

빛과 소금으로 대표되는 그리스도인의 삶이 그의 고백과 동의어이지 않다는 것이 산상수훈의 명료한 결론이다. 산 위에 있는 동네가 숨겨지지 않는다는 비유 역시, 그리스도인과 교회가 증거하는 가치에 기반한 행실과 삶을 가리키는 것이지, 입술의 고백이지는 않을 것이다. 기독교적 가치에 대해 아무 내용이 없는 채 우리 역사에 하나님의 뜻이 나타났다고 말하면 기독교적인 것인가? 우리가 겪은 식민지 시절을 고난을 통해 하나님이 이끄시는 것이라고 말하는 것이 기독교적인 특징을 보여주거나 담보하지 못한다. 여기에는 '기독교적' 인 것이 무엇인지 아무 것도 말하는 것이 없다. 예레미야와 다니엘 본문들은 하나님께로 돌아간다는 것이 '정의와 공의' 에 연관되어 있음을 잘 보여준다. 그 점에서 문창극씨의 발언이나 그의 발언을 지지하는 교계 인사들의 소리에 크게 실망하게 되는 것은, 정작 불의한 독재 정권이 판을 치던 시절 이러한 교계 인사들이 그에 대해 아무런 저항도 반대도 없었다는 점 때문일 것이다. 특히 문창극씨의 발언이 실제로는 '부패관리의 수탈'을 가리킨다며 그의 발언을 옹호한 샬롬나비라는 단체의 성명서는 정권에 대한 예언자적 비판의 중요성에 대해 언급하지만, 실제로는 그와 연관해 아무 것도 한 것이 없다는 점에서 말뿐이라는 인상을 줄 수 밖에 없다. 정작 그 끔찍하던 군사독재 정권이 횡포를 부리던 힘겹던 시대에는 정의에 대해 관심 갖지 않은 채 아무 소리도 하지 않던 이들이 일제 시대를 가리켜 하나님의 뜻 운운하면 빛과 소금은커녕 악취나는 신앙일 뿐이라고 해야 할 것이다. 그런 점에서 그러한 성명서를 발표한 "샬롬을 꿈꾸는 나비행동"이 제시하는 "샬롬"은 '정의'에 대한 이해를 찾아볼 수 없다는 점에서 참된 샬롬이지 않으며, 정의를 외치지 않는 이들이 "나비" 즉 '예언자'일 수 없고, 실제로 어떤 "행동"을 했는지도 찾아보기 어렵다. 여기에는 그 시절에 불의한 정권을 향해 한 마디도 하지 않던 목사들이 이제 와서 새삼 '정의'를 외치는 이들을 향해 혐오감을 노골적으로 표현하는 경우도 포함된다 할 것이다.

예레미야나 다니엘을 가리켜 그저 제국주의에 봉사한 관리로 여기는 것은 부당하다. 다니엘은 이스라엘이 바벨론에게 망하게 된 것을 하나님의 뜻이라 여겼다. 그리고 그러한 멸망의 원인은 무엇보다도 하나님의 율법을 어긴 때문이라 여겼다. 다니엘을 오늘날 적용한다는 것은 우리 역사 역시 죄악의 역사임을 고백하고 기억하는 데 있다. 과거를 미화시킬 것이 아니라 하나님의 율법을 떠난 역사로 풀이하는 데 있다. 그리고 그 율법을 떠남을 '하나님을 숭배하지 않았다' 식으로 종교적으로 표현하는 것이 아니라 기득권의 이익만을 추구하고 올바른 재판을 하지 않았으며 압제 가득한 현실을 방치한 것으로 표현하는 것이 수반되어야 한다. 그렇다면 지난 날을 올바르게 반성할 때 우리 역사에 가득했던 지배

세력들의 수탈과 착취에 주목해야 할 것이며, 그러한 억압과 착취의 현실을 나 몰라라 하고 각자의 안일만을 도모했던 것을 고백하고 인정하는 것이 뒤따르게 될 것이다. 아울러 이러한 돌아봄을 오늘에 적용할 때, 이승만 시절과 박정희 시절을 그저 좋았던 시절로 여기는 교계 일각의 이해는 도무지 성경과 거리가 멀다는 점도 발견하게 된다.

장기 독재를 시도한 이승만의 시대나 쿠데타를 일으켜 집권한 박정희 독재 시절이 우리 민족을 책망하고 심판하시는 하나님의 뜻일 수 있겠다. 그렇다면 지난 날의 과오를 반성하고 진리와 정의와 공의로 돌아가는 것이 필수적일 것이다. 그런 점에서 국사편찬위원장인 유영익 같은 이들이 이승만과 박정희의 독재를 후진국에서 필요한 것이었다고 여기는 것은 역사에 대한 아무런 반성도 돌아봄도 찾아볼 수 없는 노예근성에 기반한 이해라고 해야 할 것이다. 힘으로 지배하고 힘으로 군림하는 것을 정당화한다면 그것은 아무 것도 반성한 것이 아니다. 질서와 통제가 모자란 것이 아니다. 심지어 박정희 시대를 하나님께서 교회 성장을 위해 주신 시대로 여기는 경향도 있다. 이것은 박정희 독재와 결탁한 몇몇 기독교 세력들이 스스로의 정당성을 위해 만들어 낸 궤변이거니와, 그 시대에 변화가 있었다면 독재정권 때문이 아니라 가난하고 힘없는 이들의 눈물이 교회에 있었기 때문이라고 해야 할 것이다. 어느덧 우리네 교회는 꿩 잡는 것이 매가 되었고, 모로 가도 서울만 가면 된다는 식의 사고가 지배적인 집단이 되어 버렸다. 그 점에서 식민지 사관의 영향력은 여전히 우리네 안에 기승을 부리고 있다. 이들은 일본제국주의자들에 의해 조선에 들어오게 된 문물을 통해 조선이 발전했다고 생각한다. 조선이 망한 것은 힘이 약해서였다고 여기고, 부국강병이 길이라고 생각한다. 조선이 쇄국정책을 펴서 서양 문물에 뒤쳐진 까닭에 조선의 패망이 있었다 여긴다. 그러나 조선의 쇄국 정책의 근본은 조선 지배층의 기득권 수호가 놓여 있다고 보아야 할 것이다. 소수의 이익 수호를 위해 문물과 교류를 차단 것이다. 이 점을 고려하지 않는다는 점에서, 식민지 근대화론 위주의 사관은 철저하게 기득권 중심이다. 기득권을 수호하기 위한 정권과 정부와 나라라면 망해야 한다. 그것이 예레미야가 선포하는 진리이다.

힘겨웠던 일제 시대, 신흥무관학교를 세워 독립운동에 힘썼던 이회영 선생 같은 기독교인들도 많았다. 일제를 하나님의 뜻이라 여기는 것에는 우리가 무엇을 잘못하고 어떻게 돌이켜야 할 것인지에 대한 반성과 숙고가 필수적이다. 나라가 망한 것은 하나님의 심판일 수 있다. 심판이라면 고치고 바로잡으라. 예레미야는 멸망을 외치며 정의와 공의를 전했다. 다니엘 역시 바벨론 땅에 살면서 바벨론이 오래 가지 않을 것임을 선포하였고, 이방왕을 향해 공의의 통치를 행할 것을 촉구하였다. 정말 죄로 인한 심판인 줄 안다면 원칙으로 돌아가야 한다. 식민지가 된 것이 하나님의 뜻이라면 이전의 불의를 고치고 기득권의 이익 도모를 철폐하고 진리를 추구해야 한다.

모든 고통은 하나님의 뜻인가?;
악과 정의에 대한 하나님의 섭리

권연경 교수

숭실대학교 기독교학과 | 기독연구원 느헤미야 연구위원

내 맘대로 갖고 노는 "하나님의 뜻"

익히 아는 우스갯소리를 생각해 보자. 두 수녀 사이에서 차를 타고 가던 신부님이 못생긴 수녀 쪽으로 차가 기울면 "시험에 들게 하지 마옵시며" 하고 기도하고, 예쁜 수녀 쪽으로 기울면 "주의 뜻이 이루어지이다" 했다는 이야기다. 가톨릭 비난하는 게 될까봐 주인공을 목사님으로 바꾸고 싶기도 한데, 그러면 개그가 그냥 다큐가 되는 것 같아 오히려 부담스럽다. 이런 농담의 핵심은 누가 봐도 뻔한 "욕망"에 신앙의 외피를 입혔다는 것이다. 시험에 들게 하지 말라고 쓰고 "아, 싫어!" 하고 읽으며, 주의 뜻이 이루어지게 해 달라고 쓰고 실제론 "너무 좋아요"라고 읽는다. 그런데 이런 허구가 재미있는 이유는 그게 바로 우리의 모습이기도 하기 때문이다. 우리는 늘 하나님의 뜻을 말한다. 하지만 그건 내 앞의 보험중개인이 자신이 어떤 교회 집사임을 강조하는 것만큼이나 의미 없는 일이다. 하나님의 뜻이라는 고상한 표현이 내 의도를 "신앙적인" 것처럼 보이게는 하지만, 그렇다고 내 행동 자체가 신앙적인 것이 되지는 않는다.

오히려 내 행동의 속내는 하나님의 뜻이라는 혼란스런 조작이 제거되어야만 드러날 때가 많다. 그래서 우리에게 필요한 것은 그저 나의 삶이나 우리의 역사를 하나님의 뜻으로 해석하려 드는 것이 아니라, 내가 "하나님의 뜻"이라는 해석의 틀을 어떻게 활용하는지 분석하는 것이다. 하지만 오늘 나의 역할은 최근 세간의 관심사가 된 몇몇 사례를 구체적으로 분석하는 것이 아니다. 이는 나중에 다른 분이 해 줄 것으로 기대한다. 오늘 나의 역할은 신약성서의 가르침을 지침으로 삼아, 선악이 뒤엉키는 인간의 역사를 두고 하나님의 뜻을 말하는 것이 과연 무슨 의미인가를 물어 보는 것이다.

한 가지 실험적 유비

적합하지 않을 수도 있겠지만, "조명" 이미지를 생각해 보자. "하나님의 뜻"이 우리 삶을 조명하는 해석의 틀이라는 점에서 그리 빗나간 유비는 아니다. 조명에는 전체조명이라는 것도 있고 집중조명이라는 것도 있다. 하나는 전체를 밝히기 위한 것이고, 하나는 특정 부분을 보다 명확하게 밝히기 위한 것이다. 빛을 비추는 대상이 아무 굴곡이 없는 평면이 아니라면, 전체조명이 모든 평면을 골고루 밝히는 것은 아니다. 표면에 굴곡이 존재할 경우, 오히려 그 조명은 어떤 부분에는 어두운 그늘을 만들기도 할 것이다. 그 부분을 밝히기 위해서는 그 그늘진 부분에 맞추어진 부분 조명이 필요하다. 물론 그 부분조명으로 전체를 볼 수도 없다. 그래서 우리는 두 가지 모두가 필요하다. 방송 카메라와 조명들이 여럿인 이유가 바로 그것이다. "풀샷"을 잡아야 할 때도 있고, 특정 부분을 "클로즈 업" 해야 할 경우도 있다. 모두가 다 우리 삶을 밝히는 방식들이다.

모든 역사를 주관하시는 하나님의 뜻

원론적으로 모든 역사는 하나님의 역사다. 하나님이 허락하시지 않는한 참새 한 마리도 땅에 떨어지지 않는 것이 사실이라면, 우리 삶에서 벌어지는 모든 일들은 다 "하나님의 뜻"이라 말할 수 있다. 우리가 하나님을, 그리고 부활하신 예수를 "주님"이라 부르는 만큼, 우리는 모든 것이하나님의 뜻에 따라 이루어진다는 신앙을 고백한다. 출애굽이 하나님의뜻이었던 만큼이나 바벨론포로도 하나님의 뜻이다. 로마의 통치도 하나님의 뜻이며, 그 통치로부터 이스라엘을 건져줄 메시야를 보내시는 것도하나님의 뜻이다. 우리 이야기를 하자면, 일제 36년의 아픈 역사도 하나님의 뜻이고, 남북분단과 전쟁의 고통도 모두 하나님의 뜻이다. 이 때 하나님의 뜻은 사실상 하나님의 "섭리" 개념과 다르지 않다. 이런 관점은말하자면 신학적 "전체 조명"에 해당한다. 인간의 삶과 역사를 큰 호흡으로 바라보며 말하는 "하나님의 뜻"이다.

우리 삶을 향한 하나님의 뜻

하지만 이 포괄적 조명이 우리 삶의 모든 구석을 밝혀주는 것은 아니다. 우리가 두 발로 걷는 삶의 구석구석에는 이런 "전체 조명"으로는 밝혀질 수 없는, 아니 오히려 더 어두운 그림자가 지는 것처럼 보이는 복잡한 도덕적 굴곡이 존재한다. 우리가 전체조명만을 의지할 경우, 이런 굴곡들은 자연 어두운 부분으로만, 요즘 아이들 표현을 쓰자면 하나의 "흑역사"로 인식될 것이다. 문제는 전체를 가장 잘 조망할 수 있는 위치가모든 이들에게 공평한 위치는 아니라는 점이다. 요약에는 늘 세부사항에대한 폭력의 가능성이 존재하듯, 우리의 삶을 하나의 관점으로 조망하려는 시도 속에는 늘 그 하나의 관점에 의해 가려지거나 혹은 곡해될 수 있는 복잡한 사정들이 있게 마련이다. 특정 부분을 제대로 이해하자면, 그

굴곡의 속내를 파고들 수 있는, 국지적이지만 보다 집중된 조명이 필요하다. 신명기가 있다면 욥기도 있는 것처럼.

　구체적 삶의 현장 속에서 인간의 삶이란 대개 선과 악이라는 도덕적 대결의 구도 속에서 펼쳐진다. 이 구체적 문맥 속에서 하나님의 뜻을 물을 경우, 이는 언제나 우리 삶의 도덕적 상황을 밝혀줄 도덕적 조명으로 작용한다. 이 때 "하나님의 뜻"은 사실상 우리 삶을 향한 하나님의 요구라는 의미에 접근한다. 전체조명으로서의 신앙적 관점은 때로 도덕적 차원조차 넘어서는 섭리적 차원을 말하겠지만, 일상의 무대 속에서 "선하고 공의로우신" 하나님을 향한 신앙은 대개 삶을 향한 도덕적 관점을 지탱하고 강화하는 근거로 작용한다. 선지자는 백성들이 정의와 자비라는 하나님의 뜻을 실천하지 않는다고 질타하고, 의로운 영혼은 자신의 억울함을 살펴 달라고, 그래서 자신을 고통스럽게 하는 악인을 처벌해 달라고 하나님께 호소한다. 여기서 필요한 것은 당면한 상황 속에서 선악을 선명하게 구분함으로써 내가 행해야 할 하나님의 뜻이 무엇인가를 묻는 것이지, 관조적 태도로 이 모든 상황 배후에 놓인 하나님의 뜻이 무엇인가를 묻는 것이 아니다.

바울서신의 경우

　신약성경에도 하나님의 뜻은 자주 등장한다. 우선 섭리적 의미에서 하나님의 뜻에 관한 언급이 종종 나타난다. 하나님께서 우리의 삶을 포함하는 큰 구원의 역사를 이끌어 가시는 방식을 설명하는 진술들이다. "하나님의 뜻"경륜이라는 개념 아래 구원 역사 전체를 조감도처럼 조망하는 에베소서 1장이 대표적인 사례다. 하나님께서 그리스도를 통해 우리이방 그리스도인들를 구원하기로 예정하신 것이나, 하늘과 땅의 모든 것을 그리스도 안에서 통일되게 하시는 것은 "모든 일을 그의 뜻의 결정대로 일하시는 이의 계획을 따라" 되는 일이다.[1:4-5, 11] 하지만 이런 경우는 상대적으로 드물다. 피조물이요 구원의 수혜자인 우리의 입장에서 이 세계를 향한 창조주요 구속주이신 하나님의 뜻을 말하는 일이 간단치 않기 때문일 것이다. 그래서 대부분의 경우 신약성경이 거론하는 하나님의 뜻은 실천적 삶의 문맥에서 드러나는 하나님의 뜻, 그러니까 우리가 분별하고 실천해야 할 하나님의 요구로서의 뜻을 가리킨다. "우리의 삶을 향한 하나님의 뜻"이요, 우리가 어떻게 살아야 하는가에 대한 하나님의 "요구"다. 이 세대를 본받지 말고, 생각하는 방식을 바꾸어, "하나님의 뜻"이 무엇일까를 물으며 살아가라는 요구다.[롬 12:1-2] 우리를 향한 "하나님의 뜻"은 거룩한 삶이다.[살전 4:4] 혹은 항상 기뻐하고, 늘 기도하고, 모든 일에 감사하는 삶의 태도가 "하나님의 뜻"이기도 하다.[살전 5:18]

물론 엄밀한 의미에서 이 두 가지 하나님의 뜻을 분리하기는 어렵다. 우리를 구원하는 경륜으로서의 하나님의 뜻을 아는 것과 그 속에서 우리가 어떻게 움직여야 할 것인가에 관한 하나님의 뜻을 아는 일이 서로 무관치 않기 때문이다. 하나님께서 "모든 지혜와 총명을 우리에게 넘치게 하사 그 뜻의 비밀을 우리에게 알리신" 일, 곧 "그리스도 안에서 때가 찬 경륜"을 알게 하신 일은 자연스레 그 안에서 우리가 어떻게 살아야 할 것인가에 관한 관심으로 이행한다. 그래서 바울은 골로새서에서 에베소서 1장의 언어와 유사한 표현을 사용하여 "신령한 지혜와 총명에 하나님의 뜻을 아는 것으로 채우게 하시고" 하며 기도한다.[골1:9] 그리고 이 때 하나님의 뜻은 단순히 그의 구원의 계획을 깨닫는 것을 넘어, "주께 합당하게 행하여 범사에 기쁘시게 하고, 모든 선한 일에 열매를 맺게 하시며, 하나님을 아는 것에 자라게 하시고" 하는 기도로 이어진다.[1:10] 물론 이런 삶의 태도는 우리를 구원하고 세계를 통일하시는 하나님의 뜻이 이루어지는 핵심적인 과정으로 묘사된다.[골1:9-23] 아마 두 하나님의 뜻이 합류하는 지점이 바로 여기일 것이다. 보다 구체적으로 말하자면, 신약성경이 긴 역사적 호흡으로 하나님의 뜻을 말하는 이유는 오늘이라는 구체적 삶의 자리에서 우리가 어떤 걸음을 걸어야 하는가를 말하기 위해, 곧 우리 삶이 걸어가야 할 방향을 설정하기 위해서다. 우리가 우리를 구원하고 세계를 완성해 가시는 하나님의 큰 뜻 안에 있는 존재임을 상기시킴으로써, 우리가 매 순간 하나님의 뜻을 행하며 살아야 할 존재임을, 그리하여 그 구원의 완성을 향해 나아가야 할 존재임을 일깨우고자 하는 것이다. 우리가 하나님의 나라와 그의 영광으로 부르심을 받은 존재임을 일깨움으로써, 그 부르심에 합당한 삶의 행보를 이어가도록 독려하는 것이다.

"하나님의 뜻"과 관련한 혼란

여기서 전체조명으로서의 "하나님의 뜻섭리"와 부분조명으로서의 "하나님의 뜻요구"은 서로 다르면서도 서로 얽힌다. 성경은 결코 사람이 저지르는 악을 "하나님의 뜻"이라는 울타리 속으로 끌어들이지 않는다. 우리의 삶 전체를 조망하며 그것을 하나님의 뜻이라 말할 수 있지만, 이런 신앙적 고백이 우리 삶에 대한 도덕적 판단을 덮어쓰는 것은 아니다. 성경은 우리 일상의 행보를 놓고 늘 선과 악을 따지며, 그 행동에 대한 책임을 묻는다. 한편에서는 하나님의 뜻이라는 큰 틀을 짜면서도, 그 틀에서 벌어지는 우리의 삶에 대해 도덕적 책임을 묻는 것이다. 이런 측면에서 보면, 선을 행하는 것은 하나님의 뜻이고 악을 행하는 것은 하나님의 뜻이 아니다. "하나님의 뜻"이라는 동일한 표현을 사용하기는 하지만, 신학적 전체조명으로서의 "하나님의 뜻"과 실천적 부분조명으로서의 "하나님의 뜻"은 그 속내가 다른 것이다.

다양한 분석이 가능하겠지만, 오늘 우리가 "하나님의 뜻"이라는 표현과 관련하여 겪는 어려움의 한 차원은 서로 연결되지만 구분되어야 할 두 가지 하나님의 뜻을 성급하게 뒤섞은 잘못과 관련이 있어 보인다. 비극적 상황 앞에서, 우리가 도대체 무슨 잘못을 저지른 것인가를 묻고, 이상황을 바로잡기 위해 우리가 행해야 할 하나님의 구체적인 뜻을 묻는 대신, 이 상황 자체는 이미 완결된 과거로 치부하고 그 배후에 드러나는 하나님의 큰 뜻을 물으려 한다. 부분조명으로 상황을 파악해야 할 상황에서 오히려 한 걸음 물러서 전체조명에 드러난 그림을 말하려 드는 것이다. 물론 이처럼 성급한 물음에 제대로 된 답이 나오기는 어렵다. 보다심각한 것은 하나님의 큰 뜻을 불러들이는 이런 성급함 자체가 종종 당면 상황 속에서 우리가 분별하고 실천해야 할 하나님의 뜻을 회피하는 기제로 활용된다는 사실이다. 일부 기독교인들의 "신앙적" 언사에 대중들이 분노하는 이유가 바로 여기 있다고 할 수 있다. 신앙적 언사 자체가문제 삼는 것이 아니라, 그 신앙적인 것처럼 보이는 언사가 실제로는 도덕적무책임 혹은 심지어 비도덕적 행태를 정당화하는 수단으로 기능한다는사실에 분노하는 것이다.

두 가지 하나님의 뜻

물론 성경에서도 이 두 가지 하나님의 뜻이 얽히는 경우들이 있다. 하지만, 우리가 큰 호흡으로 역사 배후에 놓인 하나님의 뜻을 말한다고 해서 그것이 역사 표면에 드러나는 도덕적 책임을 무시하는 것은 아니다. 성경에 이미 예고된 일이라는 점에서 가룟 유다가 예수를 넘겨준 것은 하나님의 뜻일 수 있지만, 그렇다고 해서 그의 도덕적 책임이 사라지는 것은 아니다. 그는 여전히 잘못을 저질렀고, 그 잘못에 대한 책임을 진다.^{행1:15-20} 예수는 "하나님의 정하신 뜻과 미리 아신 대로 내준 바 되었지만," 그렇다고 해서 "여러분들이 법 없는 자들의 손을 빌려 못 박아 죽였다"는 책임이 사라지는 것은 아니다.^{행2:23} 오히려 사도행전의 문맥에서 유대인들이 회개하고 용서받아야 할 "죄"는 일반적 의미의 죄라기보다는 그들의 메시야로 오신 분을 거부하고 그를 죽게 내어주었다는 구체적 사실과 관련된다.^{행2:37-38; 3:17-19} 또한 유대 지도자들이 이방세력과 결탁하여 사도들을 박해하는 일 역시 "하나님의 권능과 뜻대로 이루려고 예정하신 그것을 행하려는" 시도에 지나지 않지만,^{행4:28} 이는 결코 그들의 "위협"을 정당화하려는 논리가 아니다.^{4:29} 오히려 하나님의 큰 뜻에 대한 확신과 신뢰는 구체적 상황에서 보다 선명한 도덕적 행보를 하게 만드는 계기로 작용한다. 지도자들의 박해 역시 하나님의 손바닥 위에서 벌어지는 일임을 알기에, 교회는 "그들의 위협을 굽어 살펴 달라"고, 그리고 사도들이 "더욱 담대하게 하나님의 말씀을 전하게 해 달라"고 기도할 수 있었다.^{4:29} 이런 믿음 속에서 그들은 복음 전파를 방해하는 이들에게 "하나님 앞에서 너희의 말을 듣는 것이 하나님의 말씀을 듣는 것보다 옳은가 판단하라"는 도전을 던진다.^{4:19} 그러니까 넓은 의미에서 하나님의 뜻에 대한 신뢰가 구체적 상황에서 하나님의 뜻에 대한 더욱 선명한 판단과 결연한 실천의지를 다지는 근거로 작용했다는 것이다.

바울에 의하면, 성도들의 고난은 하나님 나라를 위한 고난, 곧 그들이 하나님 나라에 합당한 자로 여김을 받게 하려는 의도의 표현이다.^{살후1:5} 하지만 이런 "신앙적 역사관"은 동시에 상황 자체에 대한 엄정한 도덕적 판단과 결합된다. 성도들의 고난은 동시에 "하나님이의 공의로운 심판의 표시"이기도 하며, 따라서 성도들을 환난을 야기한 자들에게는 환난으로 갚아주시고, 환난을 받는 성도들에게는 안식으로 갚으실 것이라는 확신과 결합된다.^{1:5-9}

요셉 이야기

이집트의 총리가 다름 아닌 자기들의 동생 요셉이라는 사실을 알게 된 형들은 보복의 두려움에 사로잡힌다. 요셉을 질투하여 그를 죽이려 하였고, 결국 노예로 팔아버렸기 때문이다. 요셉이 처음 형들에게 자신의 정체를 밝힐 때 요셉의 말은 "나는 당신들이 애굽에 팔았던, 당신들의 아우 요셉입니다" 하는 것이었다.44:4 여기서 요셉은 현재의 상황에 이르게 된 가장 기초적인 사실을 언급한다. 하지만 이것은 과거의 그 일에 대한 책임을 물으려는 것이 아니다. 요셉은 어안이 벙벙한 형들에게 "당신들이 나를 이곳에 팔았다고 해서 염려하지 마세요" 하며 그들을 안심시키며, 형들의 행위에 대한 대안적인, 혹은 "신앙적인" 해석을 제시한다. "하나님이 생명을 구하시려고 나를 당신들보다 먼저 보내신 것입니다."45:5 다시 말하면, 요셉을 이곳으로 보내신 이는 요셉의 형들이 아니라 하나님이시다.44:8 그가 "큰 구원으로 당신들의 생명을 보존하고 당신들의 후손을 세상에 두시려고 나를 당신들보다 먼저 보내신" 것이었다.44:7

아버지 요셉의 죽음과 더불어 다시금 불안이 고개를 든다. "요셉이 우리를 미워하여 우리가 그에게 행한 모든 악을 다 갚지 않을까?" 하는 두려움이다. 아버지는 죽었고, 이제 요셉의 보복을 막을 수 있는 것은 아무것도 없다. 형들은 형들의 허물과 죄를 용서하라고 했다는 아버지의 유지를 거론하며 요셉의 선처를 호소하며 지난 잘못에 대한 용서를 구한다. "우리 죄를 이제 용서하소서."50:17 "우리는 당신의 종들입니다."50:18 여기서 요셉은 다시금 자신의 삶에 대한 신앙적 관점을 재확인한다. "내가 하나님을 대신하겠습니까?"50:19 역사의 주인은 하나님이시며, 행해진 악에 대한 보복은 하나님의 몫이지 요셉 자신의 몫이 아니다. 요셉은 분명 악을 "당한" 사람이지만, 그렇다고 해서 자신에게 그 악을 보복할 권리가 있는 것은 아니다. 역사의 주인은 하나님이시기 때문이다. 물론 역사의 주인으로 하나님을 언급하는 것은 사람과 사람이 얽히는 인간사의 스토리 그 이면을 읽는 것이다. 요셉의 형들은 분명 악을 의도했고, 요셉은 그 악의 희생자였다. 하지만 하나님의 역사라는 관점이 있다. 이 관점에서 보면, 상황에 대한 전혀 다른 해석이 나온다. 요셉의 고난은 많은 백성의 생명을 구원하기 위한 조치의 일환이었다. 하지만 이런 신앙적 관점이 인간적 삶의 도덕적 차원을 무효화하는 것은 아니다. 요셉의 형들은 분명 악을 의도했다. 그리고 그것을 부정할 수는 없다. 하지만 요셉은 "하나님이 그것을 선으로 바꾸셨다"고 말한다. 악한 일이 갑자기 선한 일로 둔갑했다는 것이 아니다. 악은 여전히 악으로 남지만, 하나님은 그 악한 일을 활용하셔서 선한 결과를 이끌어 내기로 하셨다. 요셉을 팔아먹은 형들의 악한 행동을 "선용하셔서" 이스라엘 집안을 건지는 수단으로 활용하신 것이다. 물론 요셉은 형들을 용서했다. 지금까지 하나님의 선하심을 경험한 자로서는 당연한 행보였을 것이다. 하지만 악은 여전히 악이다. 악을 악으로 규정한 후, 그것을 용서하는 것과 악 자체를 부정하거나 덮으려 하는 태도는 같을 수 없다.

우리의 상황과 하나님의 뜻

우리가 겪는 혼란은 많은 부분 이런 두 용법의 혼란과 무관치 않아 보인다. 세월호 침몰 이후 많은 사람들은 이 사건에 직접 연루된 당사자들의 저급한 이기심에 충격을 받았다. 개인들은 자신의 목숨만을 따지고, 회사의 자기 이익만을 따지고, 해경이나 정부와 같은 다양한 조직들은 조직 유지와 확장의 본능에만 충실하다. 우리는 이런 본능이 수많은 승객들, 그것도 어린 학생들의 희생에도 눈 하나 깜짝하지 않을 정도의 적나라함으로 드러났다는 사실에 충격을 받는다. 도덕적 충격이다. 당연히 우리는 그런 희생을 야기한 불법적 행태에 분노하며, 그에 대한 법적,

도덕적 책임을 물어야 한다고 느낀다. "책임 규명"이 필요하다는 이야기다. 그런데 이런 도덕적 부분조명을 끄고, 보다 느슨한 "하나님의 뜻"을 이야기한다. 이 큰 틀 속에서 사건의 주체는 하나님이다. 곧 하나님께서 무고한 학생들을 희생시키셨다. 이런 이해할 수 없는 행동 배후에는 "우리 민족에게 새로운 기회를 주시려고"라는 해석이 붙는다. 이런 해석의 의미가 무엇인가? 수많은 사람이 희생된 일을 하나님이 하신 것으로 해석하는 순간, 그 사건과 관련된 도덕적 책임을 묻는 일은 중단된다. 대신 우리는 더 이상 그 희생 자체에 집착하지 말고, 이런 희생을 감수하면서라도 우리에게 주시고자 하는 새로운 기회에 마음을 모으고, 이 기회를 살리기 위해 최선을 다하면 된다. 이 새로운 기회가 무엇인지 선명치 않다는 것은 애초부터 이런 논리가 새로운 기회를 위해 착안된 것이 아님을 드러낸다. 이런 논리의 실질적 기능은 이런 불행한 사태와 관련된 "불편한 도덕적 물음"으로부터 서둘러 벗어나게 하는 것이다.

문창극씨의 사례도 크게 다르지 않아 보인다. 그는 일제 36년의 고통스런 역사와 남북분단 및 동족상잔의 비극을 "하나님의 뜻"이라는 틀 속에서 해석했다. 한국 현대사의 이런 아픈 이야기들은 한편으로는 이미 지나간 사건이기는 하지만, 또 다른 한편으로는 아직 상처가 아물지 않은 현재적 상황이기도 하다. "일제 잔재 청산"이라는 표현이 말해주는 것처럼, 아직 도덕적 판단이 제대로 수행되지 않은 사안, 그래서 가해자들은 도덕적 책임을 제대로지지 않았고 피해자들은 그 피해를 제대로 보상받지 못한 상태에 있는 사안이라는 것이다. 그런데 그는 이런 도덕적 차원을 사뿐히 건너뛰고, 큰 호흡으로 이 불행 배후에 놓인 하나님의 뜻을 논하려 한다. 그리고 이 "뜻"의 사례들로 종래의 미개함과 누추함 대신 서구의 발달된 문명이, 한반도의 공산화 대신 분단이라는 다행스런 결과가, 그리고 일본과 미국의 도움을 받은 경제 성장이라는 축복들이 거론된다. 물론 우리는 이런 전체조명 속에 많은 진실이 가려져 있다는 것을 안다. 그리고 바로 그것 때문에 많은 사람들은 분노한다. 이 부분에 대해서는 다른 분들을 통해 더 구체적인 논의가 이루어질 것으로 기대한다.

2부. 교회사적 분석

문창극 장로의 역사관의 실체;
식민사관인가 신앙적 민족사관인가?

배덕만 교수

기독연구원 느헤미야 전임연구위원 | 주사랑교회 협동목사

I. 들어가며

한국근대사를 "하나님의 뜻"으로 풀었던 문창극 장로의 강의가 한국 교회에 큰 파장을 일으켰다. 일각에선 그의 역사관을 식민사관으로 규정하며 맹렬히 비판했고, 일군의 사람들은 그의 관점을 건전한 기독교사관으로 옹호했다. 결국, 여론이 부정적 방향으로 급변하면서 문창극 장로 스스로 국무총리 지명을 포기했지만, 그 후에도 한국교회는 문창극 장로의 역사관에 대한 해석차로 아직까지 논쟁중이다.

이 글에선 문 장로의 강연 속에 나타난 그의 역사관을 간략히 살펴보고, 그의 역사관을 둘러싸고 제기된 교계의 다양한 발언들을 지지와 반대진영으로 구분하여 설명할 것이다. 끝으로, 일부 지지자들이 문 장로의 역사관과 동일시했던 함석헌의 역사관을 검토함으로써, 과연 양자의 동일시가 적절한 것인지 살펴볼 것이다. 이런 과정을 통해, 문 장로 역사관의 실체를 보다 명확히 파악할 수 있길 기대한다.

II. 문창극의 역사관

논쟁의 일차적 원인이 되었던 2011년 온누리교회 수요여성예배에서
행한 문창극 장로의 강연내용을 정리하면 다음과 같다.

1. 역사를 통해 하나님의 뜻을 알 수 있다

우리가 과거를 돌아봄으로 해서, 과거에서 우리가 하나님의 뜻을 발견
해 볼 수 있습니다. 한국 역사에서 우리가 과거를 돌아보면, 과거에서
지금까지 지내 온 상황을 보면, '아, 대한민국에 대한 하나님의 뜻은,
이런 것이구나' 하는 걸 우리가 어렴풋이나마 깨달을 수 있을 것입니
다.

2. 하나님은 우리 민족을 단련시키기 위해 고난을 주셨다.

우리 민족에게 고난을 주신 것도 하나님의 뜻입니다. 우리 민족을 단련
시키기 위해 고난을 주신 겁니다. 고난을 주신 다음에 또 우리에게 하
나님은 길을 열어 주십니다. 매번 길을 열어 주셨습니다. 중요 중요 시
기마다. 그러면 길을 왜 열어 주셨느냐, 우리 민족을, 이 나라를 써야 될
일이 있기 때문에 길을 열어 준 것입니다. 그런 것을 보면 우리나라라는
것은 지금까지 오면서 그 굽이굽이마다 시련과 도전을 받았지만 그것
이 또 하나의 기회가 됐습니다. 그것이 기회가 돼서 지금 이 나라가 왔
습니다.

하나님이 뜻이 있는 거야. 우리한테 너희들은, 이조 500년, 허송세
월을 보낸 민족이다. 너희들은 시련이 필요하다. 너희들은 고난이 필

요하다. 그래서 하나님이 우리한테 고난을 주신 거라고 저는 생각해요.

3. 우리민족은 본래 무지하고 더럽고 게으른 민족이었다.

그 다음에 1890년대에 또 한 분이 왔습니다. 비숍 여사라고 영국 분인데, 이 사람은 책으로도 우리가 일반적으로 구할 수 있습니다. 비숍 여사가 『조선과 그 이웃나라들』이라는 책을 썼습니다. 그래서 한국을 다 샅샅이 다 들여다봤어요. 이 사람은 부산에서부터 저 신의주, 저 강계 넘어서 블라디보스토크까지 갔던 분이에요. 그래서 책을 한 권 냈는데, 이 사람이 부산에 와 보니까, 한국이라는 나라가 어찌나 더러운지, 그 하수도도 없고, 아무것도 없는 그런 나라고, 자기가 놀란 것은 그 당시 일본인들이 거처하고 있는 동래라는 곳이 있습니다. 부산 동래가 옛날에는 일본인들이 거기 거처했습니다. 동래에 가 보니까, 동래 현에는 그렇게 깨끗하다는 것. '야, 일본은 이렇게 깨끗한데, 어떻게 한국 사람들이 사는 이곳은 부산진은 이렇게 더러우냐.' 이 사람이 놀래 가지고 썼습니다.

4. 우리민족의 지도자들은 무능했다

제가 책을 읽어보니까, 그 당시 민비라는 사람 죽고 나서, 또 고종이랑 그 다음에 엄비 뭐 이런 사람들이 그 다음 대신을 했는데, 얼마나 나라에 대해서 무책임하냐면 '일본한테 나라를 팔아먹어도 좋다, 일본이 우리를 합병해도 좋다. 단, 우리 왕실, 이 씨 왕실만 살려 달라.' 그게 조건이었어요. 1910년 한일 합방할 때, 가장 큰 조건, 이완용이가 그 조건을 들고 일본과 협상을 했어요.

이거 윤치호 일기에 나온 거예요. 그 당시 우리나라 지식인들이 일본 가서 유학했을 때, 무슨 공학을 한다거나, 의학을 한다거나, 이, 우리 진짜로, 이 나라가 비탄에 빠진 이 나라를 구하려면 그런 게 필요한 거 아닙니까, 과학을 한다거나, 그런 거 아무것도 안 하는 거야. 사회학 철학, 정치학, 다 혓바닥 놀리면서, 게으르게 먹고 살려고 그런다. 그게 우리 조선 사람들, 우리 엘리트들의 생각이었어요.

5. 기독교는 우리민족에게 근면을 가르쳐주었다

기독교가 뭡니까. 기독교가 우리 조선 민족한테 너희 일해야 한다. 너희 열심히 일해야 한다. 근면해야 한다. 근면해야 한다. 그걸 깨우쳐 준 거야.

우리나라, 이조 말기의 그 우리 민족들의 피에는, 공짜로 놀고먹는 게 아주 그냥 몸에 박혀 있었다 이거야. 여하튼 이런 나라였어요. 이 게으르고, 일하기 싫어하고, 그런데, 그런 나라에 선교사님들이 와서, 이 변화를 주신 거다. 우리가 게으른 가운데, 기독교로 우리가 개종을 하고, 우리가 하나님 뜻에 맞게 살려고 작정을 한 이후에 이렇게 달라지는 거예요.

6. 공산주의는 게으른 자들의 전유물이다

그러니까 윤치호라는 사람이 뭐라 그랬냐면, "조선 사람들은 공산주의가 딱 맞는 거다." 그러는 거야. 체질상, 왜 그러냐. "공산주의가 사람들로 열심히 일하게 하기보다는 남의 노고에 얹혀살기를 조장한다. 이것이 유교를 가진 조선과 공통점이다." 그렇죠. 공산주의도 자기가 일하는 겁니까. 자기 일 안 하려고 그러잖아. 정부가 세금 내라 그래서, 세금 걷어서 나는 어떻게 해서든지 놀자 그러는 게 공산주의 아니에요? 사람이 자기가 열심히 일해서, 자기 노력과 자기 땀으로 일해야 하는데, 야, 돈 번 사람들은 다 우리 거를 착취했다. 그러니까 저 사람 것 뺏어서 우리가 먹자, 그게 아주 심플하게 얘기하면 그거 아니겠어요. 조선의, 과거 조상들의 피에는 오히려 공산주의가 맞는다 이렇게 얘기했어요.

7. 게으름의 죄 때문에, 하나님이 우리에게 분단과 6.25를 주셨다.

그런데 우리를 분단시켰어. 분단시킨 이유가 뭐냐, 그때는 안타깝고, '이게 뭐냐 도대체, 우리는 독립을 얻었는데 독립도 못하지 않았냐.' 그렇지 않다 이거야. 하나님의 뜻으로 보면, '너희들은 내가 불쌍해서 독립은 시켜줬지만 앞으로도 너희들은 더 고난의 길을 갈 수밖에 없어. 아직도 너희의 그 게으름, 죄, 깨끗하게 안 된 거야.' 그래 분단을 시킨 거예요. 분단을 시킨 것이 지금 와서는 오히려 우리한테 분단이 됐기 때문에 **한국이 이 정도 살게 된 거예요.** 만일 그때 공산주의가 됐으면, 우리가 지금 어떻게 됐겠습니까. 지금 월남, 중국, 중국은 지금 몇 년 사이에 잘 살아졌지만, 지금 북한. 그게 우리의 지금 현실이에요. 남한이 그 당시 통일됐다면, 지금 북한이 된 거야. 북한이 돼 있는 거야. 그런데 하나님이 우리를 그렇게 놔두신 것이 아니야. 하나님은 '너희들은 안 되겠다. 다시 고난을 더 가져라.' 그래서 분단을 시켰어. 그것뿐입니까, 6·25까지 주셨어. 이 6·25까지 주신 거야.

8. 일본과 미국이 없었으면 오늘의 대한민국은 없다.

여러분, 한국에 미군이 없는 한국을 한번 생각해 보신 적 있습니까, 반미, 제가 친미를 하자 그러는 얘기가 아니야. 미군이 없는 한국은 금방, 옛날은 소련 밑에 가 있는 거고, 지금은 중국 밑에 가 있는 것. 중국의 속국이 될 수밖에 없어. 이미 북한은 중국에 속국이 돼있지, 거의 돼 있지 않습니까, 6.25를 왜 주셨냐, 미국을 붙잡기 위해서 하나님이 그 또, 돌아보면 미국을 붙잡기 위해서 주신 거예요.

그 다음에 경제 발전했습니다. 경제 발전했는데. 경제 발전 누가 했습니까. 우리 힘으로 했습니까? 물론 우리가 새마을운동도 하고, 박정희 대통령이 뭐 하고 뭐 다 했습니다. 우리가 열심히 일했습니다. 진짜 하루에 3교대씩 밤을 새우면서 일을 했습니다. 근데 그 일을 해서 상품을 만드는 게 다 어디 갔습니까, 그 당시 신발, 무슨 앨범, 흑백TV, 이런 거 다 우리가 만들지 않았습니까. 그거 어디서 다 사 줬죠? 그거 다 미국에서 사 준 거야. 우리 경제 개발의 가장 뿌리는 뭐냐, 미국에서 사 줬기 때문에. 우리 경제 개발도 사실은 미국의 덕이 굉장히 컸습니다.

그래 1960년대부터 1970년부터 우리는 공업화를 했잖아요. 근데 공업화를 한 가장 큰 힘이 뭡니까. 일본의 기술력이야. 일본이 우리보다 먼저 기술을 다 하고, 일본이 우리보다 앞장섰습니다. 그러니까 우리는 일본만 따라가면 되는 거야. 박정희나 삼성이나 다 일본 따라 한 거야, 현대자동차, 다 일본 따라서 우리가 이만큼 컸습니다. 일본 지금 우리 우습게보지만, 우리 일본 사람들 특히 우습게 보죠. '쪽바리들' 이렇게 생각하지만, 일본이 있기 때문에, 우리의 경제가 이렇게 발전할 수 있었던 것입니다.

9. 통일과 평화는 인간의 노력이 아니라 "하나님의 터치"로 이루어진 다.

근데, 여하튼, 공산주의라는 것은 그렇게 우리가 뭐 협상을 통해서 공산주의가 무너지고 남북통일이 되고, 이런 거 없어요. 그런 거 일어 날 수가 없어. 우리 남북을 분단시킨 이유가 다 있어. 왜냐, 하나님은 통일을 통해서, 하나님이 역사한다는 것을 우리 민족에게 다시 한 번 보여 주려고 그러는 거다 이거야. 분명히 보여 주실 거예요. 그거는 우리가 무슨 남북회담해서 뭐, 개방 정책을 써서 그렇게 안 돼. 그거 는 분명 10년 내에 하나님의 터치가 온다 이거예요. 그때 한국 민족 이, '아, 이게 뜻이 있구나' 하는 걸 알게된다 이거예요.

10. 하나님께서 한국을 세계의 중심국가로 만드실 것이다

하나님이 쓸 사람은 저는 대한민국이라고 생각해. 왜? 이거는 제 가 괜히, 아 우리 민족이 잘났고 뭐 이런 걸 부추기려고 이러는 게 아 니라는 거야. 그렇게 될 수밖에 없어. 일본이 우리보다 먼저 선교사 가 왔어요. 임진왜란 때, 일본 소서행장을 따라서 선교사가 조선에 왔어. 일본에 있던 선교사가, 일본이 우리보다 먼저, 200년, 300년 앞 서서 선교사가 왔는데, 일본은 하나님의 나라가 안 됐어. 중국도 우 리보다 훨씬 먼저 선교사가 왔어. 근데 중국도 하나님의 나라가 안 됐어. 한국이 유일하게 그래도 지금 천만 교인이라고 그러는데, 천만 교인을 지금 가지고 있는 거야. 참된 신자는 얼만지 모르지만, 그래 도 하나님의 나라로 돼 있는 거예요. 아까 '동북아 시대가 열렸다. 여 기가 중심이다' 할 때 하나님은 '아, 한국을 써야 하겠구나, 한국을

다음의 세계의 중심 국가, 세계의 새 예루살렘으로 만들어야 되겠다'
하는 뜻이 있다고 저는 생각을 하는 거예요. 그렇기 때문에. 우리가
이걸 하나님의 뜻을 분명히 알아야 된다 이거예요.

III. 문창극 역사관에 대한 상반된 반응

문창극 장로의 강연내용이 언론을 통해 공개된 후, 교계 안팎에서 뜨
거운 논쟁이 발생했다. 먼저, 문 장로의 역사관을 날카롭게 비판하는 목
소리들이 터져 나왔다. 그러자 문 장로의 입장을 옹호하는 사람들이 빠
르게 결집되어, 다양한 매체를 통해 자신들의 입장을 밝히기 시작했다.
양측의 갈등과 대립이 가열되자, 양측에 가담하길 주저하며 보다 신중한
태도를 견지하려는 중도적 그룹도 형성되었다. 여기서는 문 장로의 입장
을 둘러싸고 대립하는 두 그룹의 주장들만 간략히 정리해 보고자 한다.

1. 동조집단

첫째. 이들은 문창극의 역사관이 성경적 · 신학적 관점에서 전혀 문제
가 없다고 주장한다. 특히, 이들은 구약성경에서 이스라엘 백성들이 광
야에서 고난을 당하고, 주변 강대국들에 의해 고통을 받았던 기록들을
하나님의 주권적 역사로 해석하면서, 문창극의 역사해석도 같은 신학적
전통에 서 있다고 옹호했다. 이종윤 목사는 문창극의 강연이 "하나님의
주권 사상과 창조 능력으로 보전하시고 다스리시는 하나님의 섭리 사상
을 믿는 신앙적 표현"이라고 주장했고, 이상규 교수는 문창극 후보가 모
든 사건에 섭리하는 하나님의 주권을 인정하는 역사 인식을 갖고 있으
며, 이 같은 역사 인식은 함석헌의 인식과 같은 것이라 설명했다. 특히,
신문을 통해 문창극에 대한 공개적 지지를 선언했던 샬롬나비는 "문 후

보의 발언은 신자로서 개인적인 신앙고백이며 동시에 일종의 신학적인 발언이"며, "우리는 문 후보의 발언은 신학적 역사해석에 있어 상식적이고 이성적인 논리와 충분히 조화를 이룰 수 있다."고 천명했다.

둘째, 이들은 문창극의 강연이 교회 안에서 행한 것이므로, 전혀 문제가 될 수 없다고 주장한다. 교회라는 특수한 공간에서 신자들을 대상으로 한 종교적 목적의 강연이었기 때문에, 문창극의 강연은 세속적 비판의 대상이 될 수 없다는 것이다. 예를 들어, 한국교회언론회^{김승동} 목사는 "교회 안에서 벌인 기독교적 세계관에 의한 강연인데, 기독교적 언어를 사용한 것을 거두절미去頭截尾하고 지나치게 정치적 용어로 바꾸려는 것은 견강부회牽强附會"라고 논평했으며, 고명진 목사^{수원중앙교회}는 "문 씨의 간증이 교회라는 제한적 공간에서 성도들을 대상으로 한 내용을 정치적 관점으로 비방, 폄하하고 진실을 왜곡, 여론 선동하는 풍토는 사라져야 한다"고 불편한 심기를 드러냈다. 또한 전광훈 목사는 영적 세계와 성경적 역사관을 전혀 모르는 기자들이 교회 안에서 한 강연 중간의 말 한마디로 "개망신시키려고" 떠들었다고 주장했다. 이상규 교수도 교회 안에서 하나님의 뜻을 말하는 건 문제가 되지 않는다고 덧붙였다.

끝으로, 이들은 문창극의 역사관이 식민사관이 아니라고 강변한다. 이들은 문창극이 결코 일제의 식민지배를 정당화하지 않았으며, 오히려 진정한 애국자라고 치켜세웠다. 만나교회의 김병삼 목사는 "문 후보가 친미, 친일이 아닌 '친한파'이며, 미국, 일본, 중국도 아닌 하나님을 믿고 따라야 한다고 말했다"고 주장하면서, 이것을 '극우'와 '꼴통 보수'라 부른다면 자신은 기꺼이 문 후보 편에 서겠다고 했다. 심지어 샬롬나비의 경우, 문 씨가 지속적으로 반복했던 "하나님의 뜻"은 "식민사관이 아니라 신앙적 민족애"에 있다고 천명하면서, "이 강연의 본의는 우리 민족이 일제의 가혹한 식민통치로 비록 고난과 어려움을 당했지만 현재 우리가 누리는 민족의 번영을 위한 시련의 의미를 지닌다는 것이다. 또한 여기에는 악은 반드시 하나님의 처벌하신다는 신념도 포함되어 있다." 고 주장했다.

2. 반대집단

첫째, 이들은 문창극의 "하나님의 뜻"으로 본 한국근대사 해석에서 심각한 신학적 오류를 지적한다. 특히, 구약성경을 근거로 한 하나님 주권사상을 한국근대사에 적용한 것은 성경해석의 치명적 오류라는 지적이 많았다. 다음과 같은 박영돈 교수의 주장이 대표적인 예다.

> 그런 발언에서 나타나는 주권 사상에 대한 오해와 맞물린 문제는 잘못된 성경 해석이다. 문 장로는 구약의 이스라엘 백성과 우리 민족을 대비하여, 하나님이 우리 민족을 새로운 예루살렘으로 세우려 하신다고 주장한다. 그래서 그들에 대한 하나님의 특별한 통치와 섭리가 우리에게도 그대로 적용될 수 있다고 본다. 이스라엘 백성을 이방의 압제로 연단하신 것처럼 우리 민족을 일제의 지배 아래 연단하셨다는 것이다. 이런 성경 해석이 그의 역사의식을 상당 부분 주관하고 있다.… 그러나 하나님의 언약 백성을 연단하시는 하나님의 뜻을 이방인들이 다수를 점유하고 있는 특정 국가에 그대로 적용하여 하나님의 뜻을 운운하는 것은 성경 해석의 기본에서 한참 벗어난 것이다. 거기서부터 역사의식이 뒤틀린 것이다.

둘째, 이들은 문창극의 역사관이 지나치게 자학적이라고 비판한다. 문장로는 우리민족의 번영과 기독교의 상관관계를 강조하기 위해, 전략적으로 우리민족의 역사에서 부정적 측면만을 과도하게 부각시켰다. 이런 모습에 대해서 윤경로 교수는 "어느 민족이나 열등한 부분이 있고 우등한 부분이 있는데, 문씨는 열등의식으로 역사를 보는 '자학적 역사관'을 가지고 있는 것 같다."라고 지적했으며, 성기문 교수도 "문창극 총리 후보의 강연과 그의 칼럼 등이 보여 주는 기독교상像은 '하나님의 뜻'을 빙자한 외세 의존적, 서구 문화 우월적 기독교, 당파적 이념적 기독교의 모습을 보여 준다. 자기를 학대하고 비천하게 심지어 왜곡된 이미지를 만들어야 기존 역사에서 벌어진 질곡과 불의함을 정당화할 수 있는 것이다."라고 꼬집었다. 박찬희 교수도 "문창극 씨의 이 강연 전체 요지는 '하나님께서 한국을 사용하기 원한다'는 것이지만, 그가 강연을 이끌어 가는 심저에는 일제가 심어 놓은 자학적 민족관과 식민사관이 깊이 스며들어 있다."고 비판했다.

   셋째, 문창극의 역사관을 비판했던 사람들의 대다수는 그의 역사관을 친일·식민사관으로 규정했다. 한완상 박사는 "문창극 국무총리 후보자의 역사 인식은 일본 제국주의 이데올로기를 그대로 수용한 역사관"이라고 단정했으며, 이만열 교수도 민족 자체가 게으르고 무능하다는 말은 일제가 주장하는 식민 사관과 맞닿아 있다고 지적했다. 일본제국주의에 적극적으로 협력했던 당시 일본 기독교인들의 추태를 분석한 후, 서정민 교수도 "하나님 뜻"에 대해 이렇게 통렬히 비판했다.

   한국의 크리스천이 '일제 침략'이 하나님의 뜻이라고…, 그 어떤 맥락에서라도 언급하는 순간, 그것은 일본 제국주의와 협잡挾雜한 과거 일본의 일부 그리스도교 지도자들의 망발妄發과 동행하는 일이며, 심지어 오늘날 일본의 양심적 크리스천들에게도 부끄러워 고개를 들지 못할 일이 되는 것이다…,무엇보다, 우선 한국 그리스도교 일부의 소름 돋칠 만큼 경박하고, 치졸하며, 앞뒤도 분간하지 못하는 '하나님 섭리

론'은, 제국주의 일본이 한국의 강제 병합 당시 일부 일본의 극우極右
그리스도교 지도자들이 내세우던 '병합신의론'併合神意論과 꼭 같은
것임을 밝혀 둔다.

넷째, 문창극의 주장을 맘모니즘적 역사인식으로 비판하는 목소리도
있다. 문창극은 현재의 경제적 번영을 하나님의 축복이자 바람직한 것으
로 설정하고, 이런 상황을 위해 하나님께서 우리민족에게 고난을 주셨다
고 주장했다. 일부 학자들은 문창극의 이런 현실·역사인식이 맘모니즘
에 물든 뒤틀린 기독교의 전형이라며 날카롭게 비판한다. 예를 들어, 박
득훈 목사는 "가난한 상태에서 부유한 상태가 되었다는 것이 반드시 하
나님의 뜻은 아니다. 경제성장을 하나님의 축복으로 보는 것이 바로 승
리주의와 번영신학이다"라고 문 장로의 역사관과 신학의 근본적 문제를
지적했으며, 숭실대 이용주 교수도 문 장로 안에서 동일한 문제를 발견
했다.

문 장로의 강연은 하나님나라의 복음과는 아무런 관계가 없다. 그가
믿는 신의 이름은 맘몬이다. 창고와 금고에 먹을거리와 재물이 가득
한 부강한 나라. 그것이 그의 종교이다. 그의 영적 고향은 예루살렘이
아니라 바벨론이고 로마이다. 그의 신은 예수 그리스도의 아버지가
아니다.

끝으로, 일군의 비판자들은 문 장로의 역사해석이 신성모독적이라며
강도 높게 비판한다. 민족의 비극을 하나님의 뜻으로 단정함으로써, 그
런 역사 속에서 억압과 착취를 당했던 사람들의 고난을 간과 혹은 정당
화했고, 결과적으로 사랑과 정의의 하나님을 사악한 폭군으로 변질시켰

다는 것이다. 비록 문장로가 이것을 의도하지 않았더라도, 그의 설명의 논리적 결과는 그렇게 될 수밖에 없다는 것이다. 그래서 많은 사람들에게 그의 강연이 신성모독적으로 보일 수밖에 없었다.

일제의 악랄한 침략과 착취, 그리고 남북 분단과 6.25전쟁의 참사가 우리 민족을 연단하여 결국 축복하시려는 하나님의 뜻이라고 말하는 것은 하나님의 이름으로 하나님의 이름을 모독할 위험이 다분한 발언이다. 물론 문 장로가 의도하지는 않았겠지만 그런 표현은 하나님을 악과 불의에 대한 책임에서 자유하지 못하게 한다.^{박영돈}

사회적 약자와 소외자를 향한 은혜와 사랑은 성경 전체에 흐르는 하나님의 정의와 평화이다. 이것이 하나님의 뜻이다. 문창극은 성경의 하나님을, 제국주의의 무자비한 통치와 살육에 던지고, 동족상잔의 참상을 일으키는 폭군적인 괴물로 만들어 버렸다.… 문창극이 말하는 하나님과 기독교 세계관은 결코 성경에서 말하는 하나님도 기독교 세계관도 아니다. 그는 자기 자신을 하나님의 자리에 앉히고 자의로 재판장 노릇을 하면서 자신을 합리화하기 위해 하나님의 이름을 망령되이 일컬었다.^{장신대 학생회}

IV. 문창극과 함석헌

문창극 장로의 입장을 옹호하는 사람들 중, 어떤 이들이 한국근대사를 "하나님의 뜻"으로 해석한 문창극의 관점이 함석헌의 것과 동일하다고 주장했다. 특히, 민족의 고난을 하나님의 뜻으로 풀이했다는 의미에서, 함석헌의 『뜻으로 본 한국역사』와 문창극 장로의 역사관이 본질적으로 같다는 것이다. 이 장에선 함석헌의 역사관을 간략히 살펴봄으로써, 문창극과 함석헌을 동일시하는 이들의 주장이 얼마나 기만적인지를 규명할 것이다.

1. 『뜻으로 본 한국역사』

함석헌은 오산학교 교사 시절이던 1934년 2월부터 1935년 12월까지 22회에 걸쳐 『성서조선』에 "성서적 입장에서 본 조선역사"를 연재했다. 이 글들은 1950년 3월에 단행본으로 간행되었으며, 1961년에 함석헌이 『뜻으로 본 한국역사』라고 제목을 고친 후, 오늘날까지 이 제목으로 출판되고 있다.

이 책이 『성서적 입장에 본 조선역사』란 제목으로 처음 출판되었을 때, 함석헌은 이렇게 말했다. "성경적 입장에서도 역사를 쓸 수 있는 것이 아니라, 성경의 자리에서만 역사를 쓸 수 있다. 똑바른 말로는 역사철학은 성경 밖에는 없기 때문이다. 서양에도 없고 동양에도 없다. 역사는 시간을 인격으로 보는 이 성경의 자리에서만 될 수 있다." 김성수의 설명처럼, 함석헌은 "제국주의가 아니면 유물론적 역사관이나 사회주의밖에는 다른 대안이 없는 긴박한 상황에서 철저한 기독교 중심주의 사관에 몰입함으로써 자신과 조국의 사상적 정체성을 잃지 않으려 분투했던 것이다." 하지만 후에 함석헌은 기독교 정권인 자유당 정권을 겪고 나서 기독교인만 생각하는 사상의 편파적 위치에 더 이상 있을 수 없었기 때문에, 책의 제목을 '성서적 입장에 본 조선역사'를 '뜻으로 본 한국역사'로 고쳤다. 하지만 그런 제목의 변경에도 불구하고, 이 책 속에는 기독교신앙이 면면히 흐르고 있다.

2. 고난으로서 한국사

함석헌은 한국역사 속의 비극적 측면들을 매우 고통스럽게 서술한다. 외세에 의한 침략의 역사, 폭력적 정치집단에 의한 민중 억압의 역사, 별다른 문명을 이루지 못한 역사를 더듬으며 절규한다. 결국, 함석헌에게 비친 우리 역사는 처절한 고난의 역사였던 것이다.

> 고난의 역사! 한국역사의 밑에 숨어 흐르는 바닥 가락은 고난이다. 이 땅도 이 사람도 큰일도 작은 일도 정치도 종교도 예술도 사상도 무엇도 다 고난을 드러내는 것이다. 이 말을 듣고 놀라지 않을 사람이 없을 것이다. 그러나 부끄럽고 쓰라린 사실임을 어찌할 수 없다...우리는 큰 민족이 아니다. 중국이나 로마나 터키나 페르시아가 세웠던 것 같은 그런 큰 나라는 세워본 적이 없다. 또 여태껏 국제 무대에서 주역이 되어본 일도 없다. 애급이나 바빌론이나 인도나 그리스같이 세계문화사에 뛰어난 자랑거리를 가진 것도 없다...그것보다 있는 것은 압박이요, 부끄러움이요, 찢어지고 갈라짐이요, 잃고 떨어짐의 역사뿐이다. 공정한 눈으로 볼 때 더욱 그렇다. 그것은 참으로 견딜 수 없는 슬픔이다.[1]

3. 고난의 신학적 · 역사적 의미

함석헌이 우리민족의 역사를 고난의 역사로 인식했지만, 그것은 약자의 무의미한 운명이 아니었다. 함석헌은 우리민족의 고난을 이사야 53장에서 예시된 예수의 고난과 동일시했다. 우리의 고난은 패배자에게 지워진 무의미한 고통이 아니라, 인류의 죄를 짊어지고 가는 역사적 사명의 구현이었던 것이다. 즉, 함석헌은 오랫동안 고난에 사무친 한국역사를

---

1) 함석헌, 『뜻으로 본 한국역사』 (서울: 한길사, 2012), 94-6.

비참한 심정으로 읽었지만, 어느 순간 한국의 고난이 한국에게 주어진 "가시 면류관"임을 깨달았다. 예수의 머리에 씌어진 가시면류관이 인류의 구원을 위한 도구였듯이, 우리민족의 고난이 인류전체를 위한 영광의 고통이었다는 말이다. 이 맥락에서 한국사가 구원사로 승화된다.

> 성경은 그러는 가운데서 진리를 보여주었다. 나를 건진 것은 믿음이었다. 이 고난이야말로 한국이 쓰는 가시 면류관이라고 가르쳐주는 것이었다. 그리고 그것은 세계의 역사를 뒤집고 그 뒷면을 보여주는 것이었다. 그리하여 세계역사 전체가, 인류의 가는 길 그 근본이 본래 고난이라 깨달았을 때 여태껏 학대받은 계집종으로만 알았던 그가 그야말로 가시 면류관의 여왕임을 알았다. 이제 우리는 마치니와 한가지로 '그녀의 할 일은 아직이다' 라고 용기를 낼 수 있다. 과연 그녀의 일은 이제부터다.[2]

바로 이 부분이 학자들이 함석헌의 역사철학을 높이 평가하는 부분이다. 함석헌 연구자인 김성수의 평가처럼, "그의 공헌은 이렇게 아사 상태에 처한 한국인의 정신적 가치와 고난의 의미를 예수와 동일시함으로써 한국인을 정신적 아사 직전 상태에서 인류의 구원자로 부활시킨 데에 있다."

4. 우리민족의 사명

함석헌은 세계의 하수구요 공창이었던 우리에게 주어진 사명이 있다고 주장한다. 그것은 물질적으로 세계를 지배하는 강대국이 아니라, 한국, 인도, 유대, 흑인 같은 세계의 약자들에게 주어진 사명이며, 이들을

---

2) Ibid., 96.

통해 인류의 운명이 결정될 것이라고 믿는다. 함석헌은 우리민족의 사명을 이렇게 선언한다.

> 그러므로 인생이 물질의 종 아닌 것이 우리에 의하여 증명되어야 한다. 권력이 정의 아닌 것, 종내 그것을 이기지 못하는 것이 우리로 인하여 증명되어야 한다. 불의의 세력이 결코 인생을 멸망시키지 못하는 것이 우리로 인하여 증명되어야 한다. 사랑으로써 사탄을 이기고 고난당함으로써 인류를 구한다는 말이 거짓 아님을 증거 하여야 하고, 죄는 용서함으로써만 없어진다는 것을 우리가 천하 앞에 증거 하여야 한다. 온 인류의 운명이 우리에게 달렸다는 것은 이 때문이다.[3]

5. 민족과 민중

함석헌은 개인을 사회적 존재로 간주하고, 사회적 존재로서 인간의 삶을 규정하는 가장 결정적 배경을 민족으로 규정한다. "지금까지 개인의 뒤에 서서 버텨주고 명령한 것은 민족이다."[4] 심지어 예수조차 그가 유대민족의 일원이란 사실을 고려하지 않으면, 기독교의 본질을 온전히 이해할 수 없다고 주장한다.

> 유대민족을 잊고 예수를 알 수 없고, 유대 역사를 모르고 기독교를 알 수 없다. 그렇게 말하는 것은 기독교의 세계적인 것을 부인하는 말도 아니요, 예수를 민족주의자로 한정하는 말도 아니다. 다만 민족적 배경 없이는 인격이 없다는 말이다. 민족의 저수지에 물이 고인 것이 없

---

3) Ibid., 483.
4) Ibid., 87.

이는 우주에 울리는 생명의 폭포는 떨어질 수 없다는 말일 뿐이다.[5]

하지만 그는 민족과 민족주의를 철저하게 구분한다. 민족의 중요성을 강조하는 자신의 주장이 "심한 민족주의" 같이 보일지 모르지만, 함석헌은 결코 그렇지 않다고 강조한다. 그러면서 선언한다. "민족주의 시대는 지나갔다."[6]

동시에, 함석헌은 역사에서 민중^{씨알}의 상관관계에 주목한다. 그는 씨알의 역사가 지향하는 것이 민중에게 그들의 머리 위에서 일하는 "보이지 않는 손의 일"을 알려주는 것이라고 했다. 보이지 않는 손, 즉 하나님의 경륜을 아느냐 모르느냐가 역사에 결정적 차이를 가져오기 때문이다. "알면 자유요, 모르면 필연이다. 알면 은총이요, 모르면 숙명이다. 아는 것으로 자녀가 될 수 있고, 모르는 것으로 종이 될 수 있다."[7] 따라서 함석헌은 민중에게 하나님의 계획을 알려주어야 한다고 반복해서 강조한다.

V. 나가며

이상에서 문창극 장로의 강연을 간단히 정리하고, 그의 입장에 대한 다양한 평가들을 살펴보았으며, 그와 비교대상이 되었던 함석헌의 역사관도 분석했다. 이런 작업을 토대로, 나는 문창극의 역사관에 대해 다음과 같이 결론을 내린다.

첫째, 문창극 장로의 역사관은 식민사관이다. 그가 이런 표현을 노골

---

5) Ibid., 88

6) Ibid., 90.

7) Ibid., 93.

적으로 사용하지 않았지만, 한민족의 민족성을 부정적으로 평가하고, 독립을 위한 우리민족의 치열한 투쟁과 노력을 전혀 언급하지 않았으며, 해방 이후의 민족의 발전을 미국과 일본의 절대적 도움으로 풀이한 것은 식민사관의 핵심적 요소를 그대로 담고 있는 것이다.

둘째, 문창극 장로의 역사관은 기독교와 상관없다. 비록 그가 "하나님의 뜻"이란 용어를 계속 사용하고, 그런 관점으로 한국근대사를 설명했지만, 그의 설명 근저에는 기독교신앙과 민족주의를 배타적으로 유착시키고, 반공주의와 자본주의에 경도된 이념적 시간에서 한국근대사를 풀이하는 논리가 전개되고 있다. 따라서 기독교적 외피를 썼지만, 내용은 철저히 세속적이다.

셋째, 문창극 장로의 역사관 속에 인간의 자리는 없다. 자신은 이런 역사관을 신본주의적이라고 확신할지 모르지만, 현재 한반도가 처한 상황에선 결코 교회에서 추천할 수 없는 무책임하고 위험한 사고방식이다. 물론, 한반도의 위기상황을 타개하기 위해 신자들이 기도하고, "하나님의 터치"도 절대적으로 필요하지만, 그렇다고 우리가 해야 할 정당하고 필요한 행동도 무시하거나 포기해선 안 된다. 그렇다면 왜 우리에게 그의 바람처럼, 훌륭한 지도자들이 필요하단 말인가? 이런 주장은 고상한 신앙도, 차원 높은 철학도, 유용한 정책도 아니다. 신학도 인문학도 아니다.

끝으로, 문창극 장로와 함석헌은 아무 상관이 없다. "하나님의 뜻"이란 단어를 같이 사용했을 뿐, 하나님의 뜻에 대한 이해도, 고난의 의미, 민중의 가치, 한국의 사명에 대해서도 두 사람은 대화가 불가능하다. 한국역사를 신앙적 관점에서, 하나님의 뜻이란 단어로 표현했다고 해서, 양자를 동일시하는 것은 함석헌을 제대로 읽지 않고 발언한 황당한 학문적 오류일 뿐이다. 부디 읽지 않은 사람들은 함부로 말하지 말라.

3부. 윤리적 진단

왜 개신교 신앙언어는 공공성과 충돌하는가?

김동춘 교수

국제신학대학원대학교 조직신학 | 기독연구원 느헤미야 연구위원

예수 그리스도의 십자가와 부활을 통해 증거된 복음, 사도적 신앙고백에 기초한 그리스도인의 신앙, 그리고 역사상 기독교 교회가 진술하는 신앙의 확신들은 신앙 자체로부터 오는 독특성에도 불구하고 공적 진리public truth의 타당성을 보여주어야 한다. 2천년 교회의 역사속에 존재했던 기독교는 자신들의 성경적 가르침과 교리적 진술, 그리고 신앙고백을 기독교적 신앙언어의 독특성에도 불구하고 현존하는 동시대의 공적 세계안에서 보편성과 신빙성과 타당성을 증명하기 위해 나름의 시대적합한 신앙논리와 변증적 노력을 게을리 하지 않았다. 왜냐하면 예수 그리스도의 복음은 온 세상을 향해 평화와 기쁨을 주는 것이며, 열방의 구원을 목표로 하는 것이며, 창조세계 전체를 향한 하나님의 계획이기 때문이다. 만일 예수 그리스도가 온 세상의 주님이라면 그리스도인과 교회가 세상을 향해 들려주고, 증언하는 신앙언어 역시 게토안에 갇혀 속좁은 배타성과 고집스러움에 매몰될 것이 아니다. 그리스도인의 복음논리, 즉 신앙언어는 세상 한 복판에서 모든 이들의 공명共鳴을 불러 오는 것이어야 한다. 그것은 유벽한 곳에서만이 아니라 도시의 광장에서 불리어져야 하고, 골목에서만이 아니라 시장에서도 들려져야 하고, 문명과 문화의

중심에서 고백되어져야 한다. 결국 이것은 기독교신앙의 공공성의 문제이며, 공적 신앙의 문제이다. 달리 말한다면, 그것은 '공적 진리로서 기독교신앙'에 관한 우리의 확신의 문제이기도 하다.

현재의 한국개신교의 위기는 공공성의 위기이다. 그 가운데 심각한 것은 기독교신앙의 공공성, 즉 '공적 신앙' public faith의 부재와 결핍이 가져온 위기라고 진단할 수 있다. 다시 말해 한국 개신교가 직면한 위기의 두 축은 도덕성의 상실과 공공성의 문제라고 할 수 있다. 한국 개신교의 추락의 지표는 천주교의 상승 지표와 대비되는데, 개신교의 추락의 주요 원인인 도덕적 부패는 그 증상과 현상이 두드러지게 관찰되어 문제를 파악하는데 용이한 반면, 공공성 문제는 아직 그 원인, 증상, 치유책이 잘 포착되지 않고 있다.

I. 한국 개신교 문제로서 공공성과 신앙언어

1. 위기에 직면한 한국 개신교: 왜 공공성이 문제인가?

최근 한국교회에 나타난 눈에 띄는 현상은 기독교 문제가 우리 사회의 공론장公論場 public sphere에 대두되기 시작했다는 것이다.[1] 왜 문창극 발언은 사적인 차원의 신앙발언에 그치지 않고 전국민적인 논쟁거리가 되는가? 교회와 국가가 원리적으로는 구분된 정교분리 사회이고, 기독교화된 국가도 아니며, 이미 세속화가 진행된 사회에서 왜 '교회현상'이 우리 문화의 한 흐름으로 등장하고 있으며, 장로가 교회에서 행한 신앙발언이 사회적 논란으로 증폭되는가?

개신교가 공론장의 이슈로 등장하는 이유는 아무래도 미디어 환경의

---

1) 이에 대해, 김동춘, "한국 개신교와 공공성: 왜 한국교회는 공공의 적이 되었는가?", in 건지인문학: 전북대학교 인문학연구소 제10집(2013), 47-76.

변화에 원인이 있겠지만, 그보다는 한국교회의 사회적 위상변화가 더 큰 원인이라고 본다. 오늘의 한국교회는 더 이상 사회내의 소수종파가 아니라 주류집단이 되었고, 여론주도층으로 성장하였다. 오늘의 개신교는 우리 사회의 인적, 물리적 규모와 영향력에 있어서 핍박받는 소외집단이거나 주변부 집단이 아니라, 사회의 흐름을 선도해 나갈 책임적인 역할을 요구받고 있다. 그런 점에서 한국교회는 신천지나 구원파처럼 자기 방어적이며, 소종파적 존재/행위방식에 머물지 말 것을 요구받고 있는 것이다.

그러므로 공공성이란 성장기 이후의 개신교가 우리 사회안에서 그에 합당한 종교적 기능과 역할을 보여 달라는 요청이기도 하다. 말하자면 공공성이란 개신교를 향한 우리 사회의 '합의적 요청개념'일 수 있는데, 그것은 한국교회로 하여금 종교의 본래성을 보여 달라는 것이다. 종교로서 개신교가 성공주의라든가 상업적 물신주의에 빠져 허우적거리는 세속사회를 향해 그리스도교적 도덕성과 가치관에 걸맞은 삶의 모습을 보여 달라는 것이다. 그러나 오늘의 개신교는 도리어 세속적인 번영신앙을 설파하고 있으면서, 공공성과 반하는 사사로운 이익에 골몰하면서 사유화된 종교집단의 모습을 보여주고 있다. 이런 측면에서 공공성은 한국교회의 위기의 한 축인 도덕성에 대한 해답이 될 수 있다.

그런데 한국 개신교에 있어서 공공성 문제는 교회의 본래성을 회복하는 교회적 정체성identity에 관한 차원만이 아니라 교회가 사회속에서 얼마나 설득력있는 방식으로 존재하는가 하는 교회의 사회적 타당성과 적합성relevance에 관한 문제이기도 하다. 그것은 오늘의 개신교가 사회속에서 특징적으로 보여주는 신앙행태예를 들어 땅밟기, 저주기도, 무례한 전도방식와 신앙언어 '세월호 사건은 하나님의 뜻이다'가 우리 사회의 공동선과 일치하는가, 그리하여 기독교 신앙이 사회속에서 보편성과 타당성을 지니는가 하는 문제이다. 그런 점에서 공공성이란 기독교 신앙의 사회적 타당성, 즉 사회속에서 기독교신앙의 보편 타당성을 묻는 질문이기도 하다. 그것은 교회의 정체성이나 기독교신앙의 본래성을 포기하라는 것이 아니라 "교회는 교회일 뿐, 세상과 교회가 무슨 상관이 있느냐"라는 잘못된 인식처럼, 교회가 세상 속에 머물러 있는 한, 최소한의 시민적 수준의 양식과 사회적 보편가치를 보유하면서 존재하는가 하는 문제이다. 그런 점에서 볼 때, 문창극 사태는 한국개신교의 공공성 결핍의 단면을 고스란히 보여준 사건이라고 할 수 있다.

2. 왜 신앙언어에 주목해야 하는가?

세월호 참사와 문창극 사태에 대한 신학적 성찰을 하면서 우리는 왜 신앙언어를 주목해야 하는가? 그 이유는 일부 개신교 그룹에서 세월호 사태와 일제식민역사가 하나님의 뜻이라는 신앙적 발언이 등장한 이후 그 발언이 우리 사회의 공론장에서 뜨거운 쟁점으로 등장했기 때문이다. 다시 말해 세월호와 같은 비극적 참사와 일제식민역사와 같은 고통의 역사에 대한 기독교적 해석, 즉 개신교적 신앙어법이 공공의 영역에서 빈번하게 충돌하고 있기 때문이다. 문제는 개인의 신앙적 신념으로, 그것도 교회 내부에서 발언된 '사적인 신앙언어'가 기독교 진영에서만이 아니라 우리 사회 전체에서 공론화 현상으로 등장하고 있으며, 그 과정에서 그러한 신앙발언에 대한 해석을 두고 많은 신앙인들에게 혼란스러움을 주고 있는 사례가 계속적으로 반복적으로 발생하고 있다는 것이다.

그렇다면, 왜 우리는 신앙언어를 주목해야 하는가? 그리고 왜 개신교의 신앙언어는 공론장public sphere에서 자주 충돌하는가? 먼저 인식해야할 것은 오늘의 사회는 세속적이면서, 종교적이라는 것이다. 종교와 세속은 엄밀하게 분리되어 있지 않다.[2] 오늘의 현대사회는 정교분리 원칙에도 불구하고 종교와 국가가 분리되기는 커녕 오히려 긴밀하게 연결되어 있다. 그러므로 특정 종교의 신앙언어라 하여 세속사회의 공간으로 유입되는 것이 차단되는 것이 아니라 종교영역 밖에서도 활발하게 소비되고 회자된다는 것이다.[3]

더구나 오늘의 사회는 사적인 공간과 공적인 공간사이의 구분이 사라지고 있다. 개인의 사적인 대화나 동선動線까지도 비밀과 차단막이 없어지고 있고, 사적인 것과 공적인 것이 상호 교차하고 있고, 상호 교환적이되고 있다.[4] 더구나 현대사회의 특성상 SNS을 통한 매체적인 언어전달의 신속성과 광범위함이 존재하고 있어, 사적 언어가 공적 담론으로 이동하고 있고, 종교적 신앙언어가 세속광장으로 신속하게 옮겨 오고 있다. 이러한 사회구조의 특성으로 한 개인의 신앙언어, 더구나 그것이 개인의 사적인 신앙고백적 언어임에도 불구하고 대중과 사회속으로 여과없이 파급된다. 그것이 교회적 신앙언어라 할지라도, 그리고 그것이 순전히 사적인 신앙적 신념에 근거한 발언이라 할지라도 비그리스도인들과 기독교 밖의 세계, 즉 교회 밖의 사람들에게 손쉽게 유포되어 공론화가 일어난다. 한국사회가 비록 기독교세계christendom도 아니며, 국가교회적 전통이 아님에도 불구하고 오늘의 사회구조는 종교와 세속의 구분이 없으므로, 공론장에서 증폭되는 신앙발언을 기독교적 특수성이라는 보

---

2) 그런 점에서 정교분리 원칙은 단지 기능적 분화에 대한 합의이다.

3) 최근 우리 사회 전반에 일상적 분위기로 불어 닥친 힐링열풍은 다분히 불교적 색채가 강하며, 특히 불교의 스님들의 책이 대중에게 파급되고 있는 것이나, 미디어 공간에서 '교회오빠'나 '교회누나' 등 기독교적 용어들이 희화화된 형식이든 그렇지 않든 일반 대중들에게 회자되고 있는 것도 종교와 세속이 서로 개방되어 상호작용하고 있음을 보여준다.

4) 페이스북은 사적인 공간이지만 사적 친교성과 공적 기능을 모두 포함하고 있다. 대중 연예인들은 사적인 공간이 거의 없어지고 있으며, 이것은 소시민적 삶도 사적인 것과 공적인 것의 차단막이 허물어지고 있음을 보여주는 사례가 된다. 이러한 오늘의 사회현상에서 교회만이 사적 신앙 영역을 고집하는 것은 어렵다고 볼 수 있다.

호막으로 방어하려는 것은 무의미한 것이 된다. 중요한 것은 종교화된 세속사회에서 특정한 신앙언어는 그 자체가 복음선포적 기능을 수행하기도 한다는 것이다. '이 사건은 하나님의 뜻이며, 주님의 축복의 숨은 뜻이 담겨있다' 는 신앙언어는 주일예배 설교를 통해 들을 수 있는 메시지이지만, 때로는 그 발언이 시사적인 이슈일 경우 교회밖의 수많은 익명의 청중들에게도 전달된다. 그런 의미에서 그러한 신앙언어는 개신교의 상징 메시지가 될 수 있으며, 복음전도와 교회의 신뢰도에 중요한 영향력을 미친다고 할 수 있다. 종교와 세속의 담이 허물어지고 있는 지금, 종교적인 메시지가 세속의 담론의 장으로 유입되고 있고, 사적인 신앙언어가 공적 매체를 통해 노마드적으로 넘나들고 있는 오늘의 상황을 고려해 볼 때, 왜 최근 개신교의 신앙언어 혹은 개신교 문제가 공론장에서 자주 출몰하는지 파악이 가능해 진다. 그러므로 우리의 신앙언어가 사회 일반에서 어떻게 들려지고 있는지 예민한 관찰이 필요하다.[5]

II. 왜 개신교 신앙언어는 공공성과 충돌하는가?

1. 한국개신교가 공공성과 충돌하는 이유는 교회의 신앙언어가 비록 사적인 신앙고백적 언어라 할지라도 그것이 공론장에서 공적 담론으로 연결된다는 성격을 파악하지 못하는데 있다. 그러므로 오늘의 개신교는 사적인 신앙언어가 공공의 영역에서 어떻게 이해될 것인가 진지하게 고민하지 않으면 안될 상황에 이르렀다. 그런 점에서 한국개신교의 위기는 기독교신앙의 특수성을 고집하면서 그것이 공공성으로 이

---

5) 최근 교회 문제가 미디어 공간에서 공론화되는 현상을 두고, 대부분의 대형교회 목회자들이나 교회 변호적 신앙인들은 이를 교회를 허무는 사탄의 계략이라고 하면서 매우 방어적이거나 공격적인 태도를 취한다. 이런 현상앞에서 오히려 교회는 자신의 실존이 사회속에 노출되어 있으며, 교회의 실상이 공공의 관점에서 관찰되고, 평가받을 수 있다는 점을 직시할 필요가 있다.

행되지 않을 때 초래하는 위기이다.

　'이럴 바엔 익명의 그리스도인으로 신앙생활하고 싶다'. 이런 장탄식
은 단지 교회 지도자들의 도덕적 타락과 부패 현상 때문만이 아니라, 그
리스도인의 신앙언어가 공론의 장에서 어이없는 논리로 선포되고 있기
때문이다. 문제는 교회의 설교나 집회에서 던져진 '일상적이지만 공공의
맥락에서는 넌센스한 신앙발언'은 개인적 차원을 넘어 한국교회와 그리
스도교가 선포하는 복음전도에 심각한 악영향을 미친다는 것이다. 교회
다닌다는 사람들이 내 뱉는 어처구니없는 발언은 결국 개신교를 창피한
종교, 막장 종교라는 인상을 주게 된다.

　그렇다면 왜 교회의 신앙언어는 공론의 장에서 그렇게도 절망적일까?
"일제 식민통치는 우리 민족을 위한 하나님의 뜻이었다". "식민시대의
고난은 일본의 근대문물을 수용하는 통로가 되어 민족 부국富國으로 인
도하시려는 하나님의 섭리였다". 교회의 장로가 신앙집회에서 천연스럽
게 던진 이 발언은 일제의 폭압적 강점을 하나님의 섭리적 축복으로 둔
갑시켜버렸다. 그런데 교회의 설교와 간증에서 이런 섭리적 언어는 일상
적이다. 교회 내부자 언어에서 세월호 참사도 하나님의 뜻이니 이 사건
을 통해 하나님께서 우리에게 말씀하시는 것을 들어야 하며물론 일면 당연
한 권면이기도 하다, 모든 고난도 하나님의 인도하심이요, 축복의 의미가 있
으니 감사하라는 권면이 주된 신앙적 언어가 된다, 이런 권면과 언어들
은 신앙인 내부자 언어로서 그들만의 신앙적 공간에서는 늘 상 통용되
는 일상의 신앙언어이다. 그런데 개신교인들의 이런 식의 사고방식과 언
어사용은 공론장에서는 심각한 문제가 된다. "주님은 죄인을 용서하셨
으니 역사적 책임자 처벌이나 진상규명이나 누굴 탓하지 말고, 증오하지
말고 다 용서하자", "이 고난은 주님의 축복이었다". 이와 같은 사고와

논리, 그리고 그런 류의 신앙어법은 비신자들, 교회 밖의 공공의 영역, 그러니까 공론장에서는 우수꽝스럽고, 우매하기도 하고, 도무지 납득불가한 언어행태가 되고 있다.

문창극의 발언이 논란이 되자 이를 옹호하는 샬롬나비 등의 보수권에서는 그 발언이 국무총리라는 공직자로서 행한 발언이 아니라 한 사람의 개인으로서, 그리고 장로로서 교회의 신앙집회에서 행한 개인적인 신앙의 신념이고 신앙고백이므로 성경과 신학을 알지 못하는 교회 밖에서 문제삼는 것은 타당하지 않다고 주장했다. 과연 그럴 것인가? 여기서 문창극 후보의 발언에 대한 샬롬나비의 논평문을 살펴보고 그 문제점을 지적하고자 한다.

> "문 후보의 발언은 그리스도인의 개인적인 신앙고백이며 동시에 일종의 신학적인 발언이다. 우리가 보기에, 그의 발언에 대한 부정적인 여론은 성경과 신학의 언어에 익숙하지 않은 이들의 오해에 기인한 것이다. 성경의 진리를 일반학문의 잣대로 평가하게 되면 성경에는 비이성적이고 때로 비윤리적이기까지 한 것으로 보이는 사상들이 들어있다. 그래서 이에 대한 신학 전문가들의 해석이 필요하다. 그리고 이번 문 후보의 강연처럼, 성경적 신앙의 표현이 문맥을 떠나서 비신자들에게 전달되면 오해를 불러일으킬 수 있는 여지가 많다. 우리는 문 후보의 발언은 신학적으로 보아 문제가 없고, 신학적 역사해석에 있어서도 상식적이고 이성적인 논리와 충분히 조화를 이룰 수 있다고 본다."[6]

---

6) 샬롬나비의 논평문(2014. 6. 23). http://www.shalomnabi.com/bbs/board.php?bo_table=data11&wr_id=4

첫째, 문창극의 발언은 사적 신앙언어라는 이름으로 던져진 사실상의 공적 언어이다.

엄밀하게 말해 문창극의 발언은 단지 사사로운 신앙간증이 아니었다. 그가 행했던 특강은 신앙인 개인이 겪은 신비체험이나 환상이나 기적 체험과 같은 개인의 독특한 종교적 경험에 관한 것이 아니었다. 그의 강연은 민족사의 역사경험에 대한 기독교적 역사해석이었다. 그런 점에서 그는 결코 개인적인 신앙경험을 말한 것이 아니라 그가 평소에 지니고 있던 일제식민역사에 대한 그 자신의 관점을 설교한 것이며, 그것은 결국은 반공주의 기독교로 연결지을 수 있는 이념적인 편향성을 공교회라는 공간에서 신앙언어로 표출한 것이었다. 문창극 후보는 일제강점기라는 민족사의 역사경험을 사사로운 신앙주관으로 굴절된 해석을 가한 것인데, 그럼에도 그것을 사사로운 신앙고백의 차원으로 축소할 수 없는 것이다. 문창극적 논리를 방어하는 그룹에서는 사적 신앙의 보호와 공적 성격의 신앙발언의 교차로에서 왔다 갔다 하면서 사유화된 그들의 신념의 극대화를 꾀하고 있다. 그들은 문창극이 지극히 사적인 신앙의 신념에 따라 발언한 것이라고 변호하지만, 그러한 역사관은 수구적이며, 기득권 옹호적인 역사관을 명백하게 표출한 것이다. 그러므로 그것은 사유화된 신앙언어의 형식을 빌린 것일 뿐 사실 그 역사관 자체는 공적 차원으로 확산시킬 의도와 목적을 가지고 발언된 것이다.

우리는 공공성 논의에 있어서 기독교신앙의 개인적인 차원과 사사로운 것의 차이를 구별할 필요가 있다. 기독교신앙은 하나님앞에서 자아의 실존과 관련된다는 점에서 개인적individual이지만, 신앙이 사적 종교의 도피처이거나 사사로운 욕망의 투영물이 될 수 없다는 점에서 사적인private 것은 아니다.

둘째, 문창극의 발언이 공론장에서 증폭되어 여론의 반발이 일어나자 그의 신앙발언은 공적인 차원이 아니라 단순한 사적인 신앙신념이라고 스스로 격하하고 있다. 그리고 그 사적인 신앙발언에 대해 성경과 신학의 언어에 익숙하지 않는 교회 외부에서 판단할 수 없다고 방어한다. 이것이 그동안 개신교내의 신앙발언이나 신앙언어가 공론장에서 논란거리가 될 경우 취했던 대부분의 태도였다. 대부분의 교회는 자신들의 신앙발언이 논란이 일어날 때 개인신앙의 자유권이라는 보호막으로 신속히 도피한다.

그러나 우리의 신앙언어를 사적인 신앙발언으로 규정하면서 그것을 공적 영역에서 이해불가한 것으로 간주해 버린다면, 우리의 개신교 신앙은 대단히 위험한 상황에 직면하게 된다. 그렇게 되면 개신교가 믿고, 고백하며, 가르치는 신앙적 신념과 확신, 그리고 교회가 선포하는 설교의 메시지는 공적 타당성을 갖는 것이 아니라 단지 사사로운 신앙의 자기 신념에 불과한 것이 된다. 그렇게 되면, 그리스도인과 교회는 세상 모든 사람들을 향해, 그리고 공공의 삶의 영역을 향해 성경적 진리와 기독교적 신념을 확신있게 말하거나 설교할 수 없게 된다. 우리의 신앙언어를 사적인 자기 확신이나 그저 '사사로운 신념'에 불과한 것이라고 말한다면, 세상속에서 기독교신앙의 보편성과 타당성을 스스로 부인하는 것이 될 것이며, 그리하여 '복음의 공공성'도 사라지고, '공적 신앙'도 소멸하게 될 것이다. 그렇게 된다면 우리가 고백하는 복음과 신앙적 확신은 그렇게 믿는 신앙인 자신에게나 타당한 것으로 전락하게 될 것이며, 결국 우리는 기독교신앙을 공공을 향해 확신있게 제시할 수 없게 될 것이다. 이것이야말로 기독교신앙을 '사실과 가치의 이분법'이라는 근대적 대분열 논리에 스스로 가두어 버리는 위험한 상황을 자초하는 결과를 초래할 것이다. 우리는 그리스도인이 고백하는 신앙언어는 사적인 것이 아니라 공교회적인 것이며, 공적 진리로서 기독교 신앙의 의미가 분명할 때, 개신교 신앙언어는 사회속의 공적 영역에서 타당성과 설득력을 갖게 될 것이다.

따라서 오늘의 개신교는 다음의 사항을 고려해야 한다.
▶ 사적인 것과 공적인 것이 교차적으로 공존하는 현대사회.
▶ 교회의 신앙언어는 사적인 것이 아니라 공적 차원을 갖는다.
▶ 기독교 신앙언어를 사적인 신앙신념으로 단정할 경우, 복음은 공공의 영역에서 후퇴하게 된다.

한국개신교의 신앙언어는 신앙의 개인 실존의 자기고백적 차원과 사회속의 그리스도인됨과 교회됨으로서 공공성사이, 즉 고백적 신앙언어와 공적 영역에서의 신앙적 증언사이를 구분하기도 하고, 연결하기도 해야 한다. 이를 위해 우리는 '그리스도의 만유통치적 삶의 원리' 와 '두 왕국적 영역구분' 을 의도적으로 동시에 사고해야 한다.

최근의 개신교에 있어서 사적인 신앙언어가 공공성과 충돌한 대표적인 사례는 이명박의 서울시장 재임시 행했던 신앙고백적 발언이라고 할 수 있다. 그 사건은 사적인 신앙고백이 왜 공공의 차원에서 공적 담론으로 논란이 되었는지 보여주는 대표적인 사례이다. 이명박 전서울시장은 당시 어느 기독교 집회에서 "서울시를 하나님께 봉헌합니다"라는 신앙고백적 발언을 했다가 엄청난 논란이 일어났다. 그 사례는 그리스도인 개인의 고백적 발언이 공공의 영역과 분리될 수 없다는 것을 보여주었다. 문창극의 발언은 그러한 사례의 연결선상에 있는 또 다른 경우라 할 수 있다.

2. 개신교 신앙이 우리 사회에서 '불편한 종교' 혹은 '무례한 종교'

로 비춰진 것은 기독교 신앙 본래의 순수성, 본질적 가치, 정체성을 상실했기 때문만이 아니라, 개신교 신앙이 교회 밖의 사람과 너무 동떨어진 언어구조, 사유체계, 가치지향점을 빈번하게 표출하기 때문이다.

　개신교인들의 신앙적 사고나 언어논법은 대부분 일반적 통념과는 거리가 먼 사고의 틀을 보여주면서, 그것들은 단지 우수꽝스럽고, 넌센스하며, 이성적으로 납득되지 않는 약간 '이상한' 사고를 지닌 정도를 넘어서서 대단히 무례한 자들의 언어요, 폭력적인 언어가 되어버렸다.

　예컨대 종교인 납세문제가 이슈로 등장했을 때, 목회자는 레위지파에 속한 사람이기 때문에, 그리고 교회에서의 목회는 돈벌이를 수단으로 하는 직업군이 아니라 하나님의 소명에 따른 봉사직이므로 납세할 의무가 없다고 반론을 폈지만, 사실 이런 논리에 수긍하는 흐름은 아니었다. 편리한 방어논리, 즉 지극히 교회 내부자 논리에 근거한 신앙언어는 일반인들이 느끼기에 상당히 넌센스한 것이어서 개신교 집단이 시민사회의 구성원으로서 사회의 복리와 평균가치, 그리고 사회를 선도하려는 공동의 책임의식을 전혀 갖지 않은 채 오로지 자신들의 종교집단의 권익보호에 급급한 사익집단으로 비춰지게 되었다.

　뿐만 아니라 목회자의 교회 헌금 횡령에 대해 사회법정에서 "하나님의 돈을 목사가 마음대로 사용하는데 그것이 무슨 문제냐"는 식의 발언이나 사회법을 어기고도 마치 교회나 목회자는 사회법을 초월하는 상위의 법질서에 있는 것처럼 발언하는 것이나, 심지어 교회 여성도에 대한 무례한 발언 등은 사적 종교로서 그리스도교의 단면을 여실하게 드러내주는 표현들이다. 문제는 소박한 형태의 사적인 신앙고백이 아니라 어느 정도 권력화된 형태의 사적 신앙언어는 무례함의 언어적 표현과 폭력적인 언어 표현을 서슴치 않는다. "누구도 주의 종을 판단하거나 거역할 수 없다" 등등, 교회안에서 목회자의 독점적 지위를 절대시하는 것은 그런 사례들이다.

그러므로 우리의 교회의 신앙언어들이 공공성과 보편 타당성으로부터 고립되어 동시대의 사고방식과 소통하지 못하는 것을 예방하기 위해서는 기독교적인 것과 비기독교적인 것, 그리스도인과 비그리스도인, 교회와 사회사이의 공동의 기반들, 즉 공유점을 확보할 필요가 있다. 개신교의 신앙언어가 너무 빈번하게 비그리스도인 세계를 향해 배타적이며, 무례하고, 심지어 폭력적인 양상으로 전달되지 않기 위해서는 기독교적인 특수성particularity보다 일반성과 공통성commonness을 함양할 필요가 있다. 우리 그리스도인들은 그리스도인으로서 자신의 정체성을 포기할 수는 없지만, 사회의 공적 영역에서 시민의 일원이자 구성원으로 살아가고 있으며, 사회의 물리적 공간을 점유하면서, 사회적 자산, 정보, 지식, 제도, 기관들과 소통하고 연루되어 실존하지 않으면 안되는 존재임을 인식해야 한다. 그런 점에서 우리가 세상속에서 공유적 언어보다 비공유적 신앙언어를 더 강렬하게 구사하고 있지 않은지 생각해 볼 문제이다. 예를 들어 교회는 구원기관이고, 세상은 멸망받을 비구원의 대상이라는 구획은 세상속에 실존하는 교회가 드러내는 '비공유적 신앙언어'에 속한다. 이것은 교회와 세상이 갖는 공동의 기반을 훼손하는 논리로 작용한다. 그리고 이러한 신앙논리들이 어느 순간 세상을 향해 배타적이고, 공격성을 띠는 형태가 된다.

따라서 하나님의 뜻과 섭리적 신앙언어도 공공성과 보편적 사고의 관점에서 재관찰되어야 한다. 기독교적 섭리신앙은 불의한 인간, 부도덕한 방식의 사건을 동원할 수 있지만, 그것을 빌미삼아 명백히 드러나는 도덕적 책임을 모면하는 면피논리가 되어서는 안된다. 하나님의 뜻, 섭리, 주님의 은혜라는 교회의 언어는 이성, 보편성과 마주해야 한다. 그렇지 않을 경우 "일제식민통치는 하나님의 뜻이며, 결국 국가를 부강하게 하기 위한 섭리적 방편이었다"는 교회적 신앙언어라는 것이 사실은 일제의 식민역사의 어두운 역사를 찬양하는 군국주의와 신민사관의 이념의 포로가 된 신앙언어에 불과한 것이 될 것이다.

이제 개신교 신앙언어는 공공성의 맥락에서 재구성되어야 한다. 이를 위해 그리스도인들과 비그리스도인, 교회안과 교회 밖, 종교적 언어와 세속적 언어사이의 공동의 기반을 구축하는 것이 필요할 것이다. 공공성을 함양하는 신앙구조를 위해 다음과 같은 신학적 자산들을 활용할 수 있다.

– 일반은총에 근거한 공공성: 일반은총은 본래 '일반적인 것'general이 아니라 '공통적인' 은총common grace이다. 그리스도인과 비그리스도인, 신자와 불신자, 교회와 세상이 공유하는 은총이며, 두 영역에서 발견되는 은총이다.

– 성육신의 신비: 신적 현실과 인간적 현실이 분리됨이나 혼합됨이 없이 예수 그리스도의 한 인격안에 결합한다는 성육신의 신비는 공공성의 성육신적 기반을 제공한다. 그리스도는 우리에게 신적인 현실만이 아니라 인간적 현실안에서 만나게 된다. 인간적 현실없이 그리스도적인 것은 만날 수 없다.

– 하나님 사랑과 이웃사랑, 구원과 창조, 초월성과 내재성, 영혼과 육체라는 전인적 관점.

– 그리스도인은 그리스도안에서 제자직의 삶을 살 뿐 아니라 세상안에서 시민직으로 살아간다. 신앙과 이성, 그리스도적인 영역과 세속적 영역에 근거한 두 왕국의 원리는 제자직의 비범성과 시민직의 일반성을 양립적으로 살아간다.

3. 한국개신교의 공공성과의 충돌은 전환기 한국교회에게 요청되는 종교의 합리성과 타당성 결여에 기인한다. 사회의 변동기에 직면한 개신교가 주술신앙적 형태로부터 합리적인 설득에 기초한 신앙으로 전환되지 않을 때 충돌이 일어난다. '하나님 뜻' 발언이 격론이 벌어진 것은 발생된 사건에 대한 인과론적 해석이 아닌 극단적인 섭리론적 해석에 기인한다.

그동안 한국교회는 주술종교적 기능을 발휘함으로써 근대화로 이동하는 사회적 변동기에 불안정한 삶에 안정과 내면적 질서를 부여하는 삶의 원리와 정신적 의지처가 되었다. 그러나 일정한 경제성장을 달성한 한국백성들에게는 더 이상 주술신앙적 기능이 필요한 것이 아니다. 80년대까지 한국 개신교의 상징적 신앙언어는 "할 수 있거든이 무슨 말이냐, 믿는 자에게 능치 못함이 없느니라"라는 조용기식의 신앙논리였다. '불가능은 없다'는 믿음의 언어는 근대화의 성장지향의 이념이 절대화되던 시기에는 한국국민에게 일종의 '유사類似 희망의 신학'의 역할을 발휘하였으나 근대적인 것에 대한 성찰, 전통에 대한 회귀, 무분별한 성장과 풍요가 초래한 인간성의 파괴에 대한 반성은 개신교에 대한, 그리고 신앙의 의미추구가 더 근본적인 질문이 되었다. 요약하다면 한국개신교는 이원론적 세계관에 기초한 타계적이며, 역사초월적 종교로부터 세속화 시대의 도래와 함께 역사내재적이며, 현실의 삶에서의 유물론적이며 물화物化의 종교로 변모하였으며, 이러한 전환기의 한국개신교는 '축복형 종교'로부터 '의미 추구형 종교'로 변화를 요청하고 있다고 정리할 수 있다.

한국사회는 점차적으로 개천에서 벼락부자로 신분상승이 가능한 우발적 축복을 기대하기 힘든 사회로 재편되어 가고 있다. 막연한 사회−경제적 신분상승에 대한 기대감이 사라지고, 급속한 사회구조의 변동을 꿈꾸기에는 어렵게 된 지금에는 '바라볼 수 없는 중에도 바라봄'으로 기적을 유발하는 '불합리함의 신앙' 유형은 점차 소멸되고 있고, 반대로 상식적 사고를 존중하고, 합리적 과정을 중시하며, 벼락같은 축복이 아닌 성실한 노동을 그리스도인이 추구해야 할 건강한 삶이라고 간주하면서, 실재의 다양성을 인정하면서 시민적 양식을 갖춘 '시민교양의 기독교'의 출현을 준비하고 있는 것이다. 물론 아직까지 한국개신교의 대중적 강단 저변에는 합리와 타당성을 중시하며, 이해를 추국하는 신앙은 연약한 믿음으로 간주되고 있지만, 어느덧 개신교 신앙인들의 의식 저변에는 바로 그러한 신앙 유형이야말로 '불량한 믿음'으로 인식되는 시대에 도달하고 있다. 그러므로 이제 주술신앙의 효능은 끝났으며, 이성신앙과 도덕신앙이 요청되고 있다. 물론 그럼에도 불구하고 계몽적 신앙과 초월적 신앙은 양자 택일의 성격은 아니다. 합리적 사고를 중시하면서도 기독교 신앙의 초월성을 붙들 수 있으며, 반이성적이지는 않으면서 이성적 합리를 존중하고, 이성 너머의 신앙의 영역에 대한 절대적 신뢰와 복종도 가능하기 때문이다.

이와 같은 상황변화를 오늘의 현안과 연결할 때, 왜 한국개신교의 신앙언어는 공공성과 충돌하는가? 그동안 한국교회에서 행해진 강단설교와 권면은 대부분 '그럼에도 불구하고'라는 '비약'과 '역설'의 신앙언어를 관행적으로 즐겨 사용하였다. 이 신앙언어는 단지 믿음에 대한 내적 태도만이 아니라 그리스도인들의 윤리적 삶의 방식에서 합리와 타당성을 무시하게 하도록 유도한 논리적 근거로 작용하여 비약과 역설의 삶의 방식을 정당화하게 한 내적 요인으로 작용하였다. 이것은 가톨릭적 신앙언어가 자연과 은총, 교회와 사회, 그리스도인과 시민적 삶, 창조와 구원, 초월적 신적 신비와 인간적이고 자연적인 현실을 종합하고 상보적으로 연결해 주는 신학적 이음새가 견고하게 설계되어 있는 것과는 반대로 개신교 신앙논리에 이 양자사이의 격차와 괴리가 심각한데서 원인이 있다.

죄인임에도 불구하고 거저주시는 십자가의 구속의 은혜, 죄인된 자에게 더 많은 용서의 은혜, 노력하지 않은 자에게도 부어주시는 특별한 방식의 은혜, 등등의 신앙논리와 간증들은 결국 개신교인들의 신앙적 사고 속에 노력없이 도달되는 비정상적인 축복을 동경하게 하고 일상의 생활에서 정직한 삶을 경원시하고 벼락같이 임하는 돌발적인 축복의 사건은 일상생활의 건강한 삶을 밀어내 버리게 하였다.

이러한 역설과 비약의 신앙언어 혹은 신앙의식은 역사적 사건에 대한 객관적 파악이나 진단을 어렵게 함으로써 정상적인 가치판단을 흐리게 만들어 버린다. 세월호 참사를 하나님께서 한국교회에게 들려주시고자 하는 하나님의 신호이거나 뜻이며, 학생들의 죽음은 한국교회를 위해 의미가 있다고 단정해 버리는 것이 그것이다. 일제식민강점은 오히려 하나님의 선하신 목적이 있는 것이며, 우리 민족을 잘되게 하기 위한 섭리적 사건이라고 말한다. 이 역시 역설의 신앙논법이다. 역사적 사건에 대한 섭리적 해석은 역사 이해를 접근하는 객관적인 사고, 그러니까 공공성과 충돌하지 않을 수 없다. 만일 신앙집단 내부에서 행해지고 들려진 이 신앙논법이 비그리스도인들이 들을 때, 이것이 얼마나 황망한 사고라고 하겠는가, 그야말로 기독교인들과 그곳에서 행해지는 설교, 가르침은 넌센스를 남발하는 것이 되고 말 것이다. 그렇다면 그것이 일반인의 보편적이고 상식적 사고와 전혀 다른 것이어서 사회적 인식은 불가능하게 된다. 결국 비약과 역설의 신앙언어는 공공성과 공적 신앙의 장애물리 되었다고 할 수 있다.

마무리하면서

한국개신교의 신앙언어는 공공의 장, 특히 공론장에서 격렬한 충돌을 야기시켜 왔다. 그러나 그러한 신앙언어는 개신교의 존립과 우리 사회에서의 신뢰도에 치명적인 악영향을 미치고 있다는 것을 인식해야 한다. 이제 개신교는 그 자신이 표명하는 신앙언어들이 사회의 공공영역에서 얼마나 적합성과 타당성을 지니는지, 그리고 사회적 공동선을 지향하고 있는지 고민하지 않으면 안된다. 한국 개신교는 점차 주술적이며 비합리적 축복종교의 기능은 희박해 지면서 사회의 공동선과 보편적 가치를 중시하는 종교로 자리매김하지 않으면 안된다. 한국 개신교의 믿음의 체계와 논리는 성경적 진리와 기독교적 확신에 대한 본래적인 전통과 유산, 그리고 정체성을 상실하지 않으면서도 현존하는 사회속에서 설득력있는 복음적 메시지를 제시하면서 예수 그리스도의 교회의 바른 성장과 발전에 부응해야 할 것이다.

세월호 이후의 한국 기독교,
자본주의 극복이 대안이다

박득훈 교수

새맘교회 목사 | 기독연구원 느헤미야 초빙연구위원

세월호 참사와 문창극 사태는 한국사회와 교회의 민낯을 보여주는 계시적 사건입니다. 한국교회는 이 사건에서 큰 목소리로 경고하시는 하나님의 음성을 들어야 합니다. 그 음성을 외면하고 세월호 이전과 이후 사이에 본질적 차이를 만들어내지 못한다면 너무나 슬프고 두려운 일입니다. 비극적 사건을 그냥 버티고 견뎌낼 수 있는 면역성만 강화되는 꼴이 되기 때문입니다. 한국사회와 교회는 갈수록 타자의 고통과 슬픔에 둔감해져 더욱 야만적이 될 것이 불 본 듯 뻔합니다. 이스라엘 역사 말기처럼 끝내 '치유불능'의 형국으로 치닫고 말 것입니다.대하36:16 세월호 이후의 한국사회와 교회가 본질적으로 달라지게 만드는 것은 참된 예수 그리스도의 제자들에게 주어진 절체절명의 과제가 아닐 수 없습니다.

이 과제를 제대로 수행하려면 당연히 일련의 사건들에 대한 정확한 분석과 평가가 이뤄져야 할 것입니다. 그런 과정을 통해 한국사회와 교회의 핵심적 문제가 무엇인지 그 정체를 발견할 수 있을 것입니다. 필자는 그 정체가 바로 자본주의, 좀 더 세밀하게 규정하기 위해 아나톨 칼레츠

키의 분류방식을 빌리자면, 자본주의 3.0이라고 생각합니다. 자본주의 3.0은 경쟁을 통한 시장의 조정능력에 절대적 신뢰와 정당성을 부여하는 자본주의로서 이를 흔히 신자유주의라고 명명합니다.[1] 그러나 필자는 대중적 소통을 위해 아래의 글에선 자본주의 3.0/신자유주의를 종종 그냥 자본주의라고 표현하고자 합니다. 자본주의의 본래적 성격을 가장 명확하게 보여주는 것이 바로 자본주의 3.0/신자유주의이기 때문입니다. 한국사회의 경우 해방되면서 미국의 영향을 받아 자본주의 체제를 선택한 후 수출중심의 국가주도자본주의와 천민자본주의를 거쳐 1997년 외환위기와 IMF 관리체제를 겪으면서 확실하게 신자유주의에 편입되었습니다.[2] 지난 대선에서 경제민주화와 복지라는 화두가 등장하면서 잠시 신자유주의에 제동이 걸리는 듯했으나 박근혜정부가 들어서면서 우야무야 되고 말았습니다.

필자는 세월호 참사의 궁극적 원인, 그리고 교계지도층 인사들이 박대통령과 현 정권을 옹호하고 오히려 세월호 유족들을 비하하게 된 결정적 원인도 자본주의에 있다고 생각합니다. 문창극 장로 자신과 그 지지자들이 그의 역사관을 식민사관이 아니라 신앙적 민족사관이라고 옹호한 이유도 바로 그들의 기독교신앙이 자본주의를 무비판적으로 수용하고 옹호하는데 익숙해져 있기 때문이라고 판단합니다. 그러므로 세월호 이후 새로운 한국사회와 한국기독교를 세워가려면 무엇보다도 자본주의를 극복하는 것이 결정적으로 중요한 과제라고 생각합니다. 하여 아래의 글

---

1) 아나톨 칼레츠키, 위선주 역,『자본주의4.0』(컬처앤스토리, 2010). 참고로 자본주의 1.0은 자유방임 고전자본주의를, 자본주의 2.0은 정부주도 수정자본주의를, 자본주의 4.0은 기업과 시장의 원리를 유지하되 기업의 사회적 책임을 중시하는 자본주의를 각각 의미합니다. 자본주의 4.0은 자본주의 3.0이 위기에 처하자 자본주의를 신봉하는 이들이 제시한 대안으로서 주창자들은 '따뜻한 자본주의' 혹은 '복지 자본주의'라고 부르길 선호합니다.
2) 이 과정을 자세히 살펴보려면 지주형,『한국 신자유주의 기원과 형성』(책세상, 2011)을 보십시오.

에서 두 가지를 다루고자 합니다. 첫째, 자본주의가 세월호 참사와 문창극 사태의 궁극적 원인이라고 판단하는 근거를 밝히고 둘째, 한국기독교가 자본주의를 극복해갈 수 있는 길에 대하여 제시하고 합니다.

I. 자본주의가 궁극적 원인이라고 판단하는 근거들

1. 세월호 참사[3]

세월호 참사에 대한 성역 없는 조사가 이루어질 수 있다면 세월호 침몰과 구조실패의 직접적 원인과 그 궁극적 원인들이 보다 명확하게 드러나게 될 것입니다. 하지만 그 이전이라도 세월호 참사의 궁극적 요인을 규정할 수 있는 자료들이 충분하다고 생각합니다. 이를 둘러싸고 사회과학적 분석 차원에서 대략 세 가지 관점이 대립되고 있다고 볼 수 있습니다. 기능주의적 관점, 갈등론적 관점 그리고 중도적 관점입니다. 그리스도인은 이 세 가지 관점을 잘 살펴보고 어느 관점이 더 하나님나라의 관점에 더 가까운지 분별해야 합니다.

첫째, 기능주의적 관점이란 한국사회의 전반적 구조에는 문제가 없는데 사회의 일부영역에서 그만 기능장애가 발생해 세월호 참사가 발생했다고 보는 입장입니다. 시계에 비유하자면 시계가 멈춘 이유는 시계의 전반적 구조가 잘못되었기 때문이 아니라 특정 부속품이 망가졌기 때문이라는 것입니다. 이는 박근혜 대통령과 그들 둘러싼 지배동맹세력이 강력하게 고수하고 있는 입장입니다. 5월 19일의 대국민담화문에서 박대통령은 '최종책임'이 자신에게 있다고 했지만 그건 단순히 도의적 책임을 수용한다는 수사적 언술일 뿐이었습니다. 실질적 책임은 무능한 해

---

3) 필자가 성서한국 · 학원복음화협의회 · 한국복음주의교회연합이 주관한 「세월호 참사 이후, 한국교회의 성찰과 과제」 연속포럼에서 '세월호 참사에 대한 신학적 성찰'이라는 제목으로 발제한 내용을 요약 · 수정한 것입니다.

경, 산만한 재난대처체계, 타락한 기업가와 공직자소위 관피아, 무책임한 선장과 선원들에게 있다고 명확하게 선을 그었기 때문입니다. 그들로 말미암아 사회의 일부 영역에서 기능장애가 발생했다고 판단한 것입니다. 그가 말한 국가개조란 바로 그런 기능장애가 더 이상 발생하지 않는 국가를 만들어가겠다는 뜻입니다. 이런 입장의 극단적 표현은 세월호 참사를 교통사고나 조류독감에 비유하는 데서 나타납니다. 6.4지방선거 결과는 이런 입장에 힘을 실어주었고 이를 직감한 박대통령과 청와대는 자신감 있게 기존의 국정운영기조를 밀어붙이고 그에 따라 정부주요인사들을 지명했습니다. 그런 점에서 세월호 참사와 문창극 사태는 서로 연결되어 있습니다.

둘째, 갈등론적 관점이란 세월호 참사는 단순히 사회일부영역에서의 기능장애 때문이 아니라 자본주의 사회의 지배그룹과 피지배그룹 사이에 존재하는 구조적인 갈등관계에서 비롯되었다고 보는 입장입니다. 자본주의 구조 하에선 지배그룹인 자본과 그 동맹세력은 자본의 이윤극대화를 위해 총력을 기울이지 않을 수 없습니다. 승자독식의 원리가 작동하는 경쟁시장에서 우위를 차지하기 위해 그들은 각종규제철폐와 노동자임금을 비롯한 각종 비용의 절감을 위해 치열하게 노력하지 않을 수 없습니다. 그 과정에서 피지배그룹인 사회적 약자들은 필연적으로 각종 위험에 상대적으로 훨씬 더 많이 노출될 수밖에 없습니다. 이런 관점은 세월호참사는 온갖 비리가 횡행하는 한국특유의 천민자본주의형 사고일 뿐이라는 분석에 동의하지 않습니다. 각계각층에 만연되어 있는 비리를 척결한다 해도 이익은 사유화하고 고통은 사회화하려는 자본주의의 본질적 경향성이 사라지지 않을 것으로 보기 때문입니다. 자본주의를 경제민주화라는 보다 높은 가치로 통제하지 않는 한 사회적 약자들은 생명과 안전의 위험에 처할 수밖에 없습니다. 그 점을 확연히 보여준 사건이 바로 세월호 참사입니다. 희생자들의 공통점은 우리 사회의 약자들이란 점입니다. 물론 자본주의가 극복된다고 해서 대형 참사가 결코 발생하지 않는다는 보장은 없습니다. 그러나 그 성격은 확연히 달라질 것입니다. 그 때에야 비로소 참사는 구조적 요인에 의해 발생한 것이 아니라 일부 영역에서 발생한 기능장애에서 기인된 것이라고 규정할 수 있을 것입니다. 바로 그런 이유 때문에 대형 참사를 예방하는 것이 훨씬 수월해질 것입니다.

셋째, 중도적 관점은 앞의 두 입장을 적절히 조화시키려는 입장입니다. 한편으론 비정규직 확산과 규제완화 등으로 대변되는 자본주의신자유주의의 확산을 세월호참사의 배경적 요인 중 하나로 간주합니다. 다른 한편 청해진해운의 잘못된 운영, 해경의 무능한 대처, 안전행정부의 재난컨트롤타워로서의 역량미달, 청와대의 책임회피, 재난대처시스템의 부재, 이중적 위험사회 구조 등은 자본주의신자유주의 확산과 무관한 것으로 봅니다.

갈등론적 관점을 선호해야 할 신학적 정당성

필자는 하나님나라의 정의와 평화를 열망하는 교회와 그리스도인은 위 세 가지 관점 중 갈등론적 관점을 상대적으로 더 선호해야할 신학적 정당성이 있다고 봅니다. 신학적 정당성을 판단하는 데는 두 가지 기준이 있습니다. 특정 사회과학적 분석이 보여주는 과학적 역량과 그 밑바닥에 깔려있는 사회윤리적 지향입니다. 사회과학적 분석과 사회윤리적 지향 역시 하나님이 부여한 인간의 능력을 활용해서 이루어지는 것이기 때문에 신학적 판단의 대상이 될 수 있고 되어야 합니다. 즉 사회과학적 분석엔 논리적 정합성과 실증적 증거가 있어야 하고 사회윤리적 지향엔 사회적 약자의 권리를 보호하는 하나님의 정의가 담겨 있어야 합니다.

기능주의적 관점의 치명적 문제는 그 바탕에 지배동맹세력의 이익을 최우선 순위에 두는 사회윤리적 전제가 깔려 있고 사회과학적 분석은 그것을 정당화하는 데 동원된다는 점입니다. 그 대표적 경우가 소위 낙수효과이론이라는 사회과학적 명제입니다. 자본주의적 사회구조 하에서 각 사회영역이 제 기능을 발휘하게 되면 부가 일부에게 집중된다 해도 결국은 그 혜택이 사회구성원에게 고루 전달된다는 이론입니다. 여기서 혜택이란 소득증대 뿐 아니라 안전 같은 총체적 삶의 질적 향상을 의미합니다. 박근혜 대통령이 세월호 참사 이후에도 경제민주화와 복지를 외면한 채 줄푸세(세금은 줄이고 규제는 풀고 법질서는 세운다)로 대변되던 기존의 국정운영기조를 경제혁신 3개년 계획, 공직사회에 만연되어 있는 비정상의 정상화라는 이름으로 강화하고자 하는 데는 이런 이론이 깔려 있습니다. 그러나 이는 실증된 바가 전혀 없는 신화에 지나지 않습니다. 다수의 신뢰할 만한 경제학자들의 서평에 의하면 최근 프랑스의 경제학자인 토마 피케티의 『21세기의 자본론』이 세계의 주목을 받고 있는 이유 중 하나가 바로 그런 신화의 허구성을 역사적 실증을 통해 매우 설득력 있게 보여주는데 있음을 알 수 있습니다.[4] 물론 그는 경제적 불평등에 집중하고 있지만 경제적 불평등은 안전의 불평등과 직결될 수밖에 없다는 점에서 세월호참사의 사회적 성격을 규정하는데도 매우 유효하다고 판단됩니다.

중도적 관점의 문제점으로 논리적 부정합성 그리고 기계적 중립이 지니기 쉬운 실질적 편파성을 들 수 있습니다. 앞서 자본주의로부터 독립적인 변수라고 제시된 것들을 자세히 살펴보면 그것이 비정규직 확산이나 규제완화와는 달리 자본주의 확산과 무관하다는 주장은 논리적 일관

---

4) Thomas Piketty, *Capital in the Twenty-First Century* (Belknap Press, 2014). 간략한 서평으론 「한겨레」에 실린 유종일, [세상읽기] '21세기 자본론'을 참조.. http://www.hani.co.kr/arti/SERIES/56/634852.html

성을 결여하고 있다는 점을 분명히 알아챌 수 있습니다. 게다가 사회구조적 문제와 개인윤리적 문제 사이에서 그리고 진보성향의 정권과 보수성향의 정권사이에서 기계적 중립을 지키려는 노력엔 세월호 참사가 절실하게 요구하는 즉각적 사회구조변혁운동을 향한 동기부여를 약화시키는 경향성이 있습니다. 이는 결과적으로 사회적 약자의 권리를 보호해주는 하나님의 정의를 약화시키게 됩니다.

갈등론적 관점이라고 해서 모두 완벽하다할 수는 없을 것입니다. 그러나 앞서 제시한 기준에 의거해 볼 때 상대적으로 더 선호해야 할 신학적 정당성이 있다고 볼 수 있습니다. 우선 갈등론은 사회과학적 분석의 차원에서 논리적 정합성과 실증적 증거의 차원에서 더 설득력이 있다고 판단됩니다. 그리고 사회윤리적 차원에선 사회적 약자의 권리를 보호해주시려는 하나님의 의도를 더 잘 담아내고 있다고 보여 집니다.

이러한 하나님의 의도는 사회문제를 다룰 때 우선적으로 구조문제에 초점을 맞추는 것에서 분명히 드러납니다. 사회적 약자의 권리를 사회구조적으로 보장하는 안식년·희년규정은 사실상 개인윤리적 차원에서 보자면 사회적 약자들의 도덕적 해이를 불러올 가능성이 매우 높습니다. 하지만 하나님은 그에 개의치 않습니다. 개인윤리의 질적 향상은 사회구조에 의해서 강요하지 않고 공동체 안에서 이루어지는 다양한 교제와 교육에 의탁하심을 알 수 있습니다. 여기엔 사회구조가 개인윤리보다 사회문제에 더 중요한 영향을 미친다는 하나님의 판단과 사회적 약자의 인격적 존엄성을 지켜내기 위한 하나님의 의도가 담겨 있다고 추정해 볼 수 있습니다.

교계 지도자들이 세월호 유족을 폄하하는 이유

그럼에도 불구하고 왜 상당수의 교계 지도자들은 현 정권을 철저히 옹호하고 나서는 한편 세월호 유족을 폄하하는 망언을 서슴지 않는 것일까요? 그건 그들이 자본주의에 너무나 친화적으로 동화되어 있기 때문입니다. 그들이야말로 기능론적 관점에서 세월호참사를 바라보는 사람들입니다. 그 대표적 발언이 당시 한기총부회장이었던 조광작 목사의 입에서 나왔습니다. '가난한 집 아이들이 수학여행을 경주 불국사로 가면 될 일이지, 왜 제주도로 배를 타고 가다 이런 사단이 빚어졌는지 모르겠다.' 그들이 왜 가난한 집 아이들로 태어나게 되었는지, 거기에 사회구조적 문제가 있는 것은 아닌지 물을 의향이 눈곱만큼도 없습니다. 부자는 제주도로 가난한 사람들은 불국사로 수학여행을 가는 사회적 불평등을 마치 자연현상처럼 당연하게 수용합니다. 자본주의적 사고가 그의 뼛속 깊이 박혀 있는 것을 알 수 있는 대목입니다.

세월호 참사의 궁극적 책임을 정부에 묻고자 하는 세월호 유족들을 미개하다고 평가한 한 젊은이의 발언에 몇몇 교계 지도자들이 동의하고 나선 것도 그 근원을 따지고 들어가 보면 그들이 자본주의적 사고에 철저히 물들어 있기 때문임을 알 수 있습니다. 자본주의가 설파하는 기능론적 사회분석에 동의하고 있다는 증거입니다. 우리 사회의 일부에서 기능장애가 있어 일어난 불행한 사건일 뿐인데 그 진상을 알아볼 수 있는 지적 능력이 결여되어 괜히 고위층 정부 인사나 청와대를 타깃으로 삼아 울고불고 한다는 것입니다. 심지어 김삼환 목사는 세월호 참사를 '나라가 침몰하려고 하니 하나님께서 … 이 꽃다운 애들을 침몰시키면서 국민들에게 기회를 준 것'이라며 누구의 책임을 묻지 말고 온 나라가 반성해야 한다고 주장했습니다. 그리곤 '세월호참사 위로와 회복을 위한 한국교회위원회'라는 그럴듯한 이름으로 조직을 만들어 자기 교회에서 대대적인 기도회를 열고는 박근혜대통령을 초청해 그를 단에 세움으로 면죄부를 주는 역할을 기꺼이 감당했습니다. 하나님께서 박근혜 대통령이 선장으로 있는 자본주의 대한민국호가 침몰하지 않도록 꽃다운 애들을 희생 제물로 삼았다는 논리입니다. 그에게 자본주의와 하나님은 너무나 친화적입니다. 중요한 것은 이런 사고가 한 두 사람 지도자들의 것이 아니라 한국교회 전반에 널리 퍼져 있다는 점입니다.

2. 문창극 사태

앞서 언급한 것처럼 문창극 사태는 세월호 참사와 무관하지 않습니다. 6.4지방선거에서 일정한 자신감을 회복한 박근혜 대통령은 기존의 국정운영철학과 기조를 확실히 추진하기로 결심했습니다. 그 결과로 확연히 드러난 것이 문창극을 국무총리로 지명한 것입니다. KBS가 처음 보도한 그의 강연들에서 확연하게 드러난 것처럼 그는 자본주의를 뼛속 깊이 지지하고 옹호하는 인물입니다.

문창극의 역사관의 문제는 자본주의적 가치관

문창극과 그 지지자는 KBS와 그 이후 비판적 언론들이 사실을 보도했는지 모르지만 진실은 왜곡했다고 강력하게 항변했습니다. 본 글의 주제는 그의 자본주의적 사고에 있기 때문에 왜곡보도를 둘러싼 진실논쟁은 여기서 생략하기로 합니다. 다만 큰 맥락과 틀에 있어서 언론의 왜곡보도는 없었다는 것이 필자의 입장임을 밝히는 바입니다. 필자가 정말 심각하게 생각하는 것은 그의 역사관에 담겨있는 자본주의적 가치관입니다.

문창극은 강연들에서 일본의 침탈과 식민통치 자체를 찬양하거나 미화하지 않은 건 맞습니다. 그는 크리스천 CEO 리더십 스쿨 강연에서 '그러고 중국, 일본 우리한테 얼마나 나쁜 짓을 많이 했습니까?' 라고 까지 말한 바 있습니다.[5] 그리고 자기가 '현대 인물사에서 가장 존경하는 분이 안중근 의사님과 도산 안창호 선생'이라며 증거까지 내 보이며 억울하다고 항변했습니다.[6] 이해되는 측면이 있습니다. 하지만 문창극의 논지의 핵심은 그럼에도 불구하고 우리나라는 일제의 식민통치라는 시련을 통해서 좋은 것을 얻었으며 거기에 하나님의 뜻과 섭리가 있다는 것입니다. 그 좋은 것의 핵심은 시련을 통해 '이조 500년 허송세월', 양반의 착취로 말미암아 조선의 상징과 DNA가 되어버린 게으름과 자립심 결여를 극복해나가기 시작했다는 것입니다.[7] 이런 관점에는 그의 자본주의 정신과 윤리가 담겨 있습니다. 막스 베버가 잘 보여준 것처럼 자본주의 정신이란 돈을 벌고 취득하는 경제적 행위를 공동체가 추구하는 공동선을 실현해가기 위한 수단으로 보지 않고 그 자체를 삶의 궁극적 목적으로 간주하는 정신입니다.[8] 이런 정신의 관점에서 보자면 게으름과 의존심을 극복하고 부를 축적하는 일에 온 힘과 정성을 쏟아 붓는 것이야말로 가장 훌륭한 미덕입니다. 문창극은 그런 점에서 근면과 절제를 강조하는 기독교윤리를 자본주의 정신과 친화적으로 결합시킨 17세기 영국 청교도의 전통을 고스란히 이어받고 있는 사람입니다.[9]

　　문창극의 결정적 문제는 자본주의 정신 그리고 그 정신에 친화적인 기독교윤리에 경도되어 일본의 불의 그리고 일제 강점기 식민통치를 통해 수많은 한국민족이 겪어야 했고 지금까지도 겪고 있는 고통을 상대적으

5) https://www.facebook.com/unroncom/posts/576893709097906
6) '문창극:안중근 안창호 존경하는데 왜 내가 친일인가,'「연합뉴스」인터넷 판(14.6.19).
　　http://www.yonhapnews.co.kr/politics/2014/06/19/0501000000AKR20140619175852001.
　　HTML(14.7.26. 검색)
7) '문창극 총리 후보자 온누리 교회 강연 전문,'『뉴스앤조이』인터넷 신문 (2014.6.15.)
　　http://www.newsnjoy.or.kr/news/articleView.html?idxno=196944
8) Max Weber, The Protestant Ethic and the Spirit of Capitalism (Unwin Hyman, 1930/1989), p.53. 번역본은 막스 베버, 김덕영 역,『프로테스탄티즘의 윤리와 자본주의 정신』(길, 2010)
9) R. H. Tawney, Religion and the Rise of Capitalism (Penguin Books, 1926/1990), pp. 312-313. 번역본은 R. H. 토니, 김종철 역,『종교와 자본주의의 발흥』(한길사, 1990)

로 가볍게 생각한다는 점입니다. 바로 그 점이 식민사관의 핵심적 논지와 일맥상통합니다. 그 논지는 바로 일제 치하에서 한국민족이 고통을 겪었다하더라도 그 모든 것은 그로 말미암아 한국민족이 얻은 윤리적·경제적 이득으로 충분히 보상되고도 남는다는 주장이기 때문입니다. 그것이 바로 이완용의 논지이기도 했습니다. 이완용 역시 일제 식민통치의 다양한 문제점을 인정합니다. 하지만 그는 그 문제들에 이의를 제기하는 것 보다 우리 민족의 경제적·지식적 성장이 더 시급하다는 주장을 1919년 5월 29일자 매일신보에 실은 3·1운동에 대한 '제3차 경고문'에서 다음과 같이 펼칩니다.

> 여러분이 주장하는 지방자치, 참정권, 병역문제, 교육문제, 집회 및 언론의 자유 등의 문제가 꽤 많지만, 여러분의 생활 및 지식수준에 따라 정당한 방법으로 요구해야만 동정을 얻을 수 있다.[10]

그런가하면 내지인 즉 일본인이 조선인을 차별하는 것은 분명 잘못이지만 아직 우리의 실력이 부족하니 큰 아량을 갖자며 다음과 같이 설득합니다.

> 우리가 내지인에 비해 실력이 부족하지 않다고 할 수 없으니, 아량을 크게 갖고 가급적 그들에게 반성을 촉구하고 이해를 구해야 할 것이오.[11]

---

10) 김종성, '95년 전 이완용의 "망언", 문창극의 발언과 똑 같네,' 『오마이뉴스』 (2014.6.13.) http://www.ohmynews.com/NWS_Web/View/at_pg.aspx?CNTN_CD=A0002002880&PAGE_CD=ET000&BLCK_NO=1&CMPT_CD=T0000
11) 앞의 것과 같은 칼럼에서 인용함

이완용은 분명히 일본이 무슨 잘못을 하고 있는지 알았습니다. 그러나 일본의 잘못을 참아내고 그들이 원하는 굴욕적 방식으로 합방하는 것이 '조선민족의 유일한 활로'라고 보았던 것입니다. 하여 그는 일제 식민통치를 긍정적으로 받아들여야할 경제적 이유를 다음과 같이 설명합니다.

> 총독정치 10년의 성적을 볼 때, 인민이 향유하는 복지가 막대하다는 점은 내외 국민이 공감하는 바다.[12]

식민사관의 요체는 일제 식민통치 자체를 미화하는데 있지 않고 그 통치를 통해 얻은 우리 민족의 유익을 강조함으로써 식민통치의 모든 불의를 덮고 넘어가는데 있습니다. 그리고 그러한 식민사관을 구성하는 가장 중요한 가치는 경제적 가치입니다. 거기엔 생명, 정의 그리고 평화라는 하나님나라의 가장 중요한 가치가 들어설 자리가 별로 없습니다.

문창극의 친자본주의적 관점은 분단과 6·25를 하나님의 뜻으로 설명하는 과정에서 더욱 극명하게 드러납니다. 하나님께서 분단을 주신 것은 한국이 공산주의 국가가 되는 것을 막은 것이고, 6·25를 주신 것은 미국을 한반도에 붙잡아 두기 위한 것입니다. 미국이 우리나라의 동맹국이 되어서 안보를 지켜주고 한국산 상품을 수입함으로 말미암아 한국의 경제발전이 가능해졌다는 점을 강조합니다. 일본이 비록 우리나라를 침탈해 몹쓸 짓을 했지만 그래도 하나님께서 일본을 우리 옆에 두신 것을 감사해야 하는 것은 일본을 통해 앞선 기술을 받아와 경제개발을 할 수 있었기 때문입니다. 하나님은 질곡의 지정학을 축복의 지정학으로 바꿔 주신 것입니다.

자본주의적 가치관과 관점의 치명적 문제점은 하나님께서 가장 중요

---

12) 앞의 것과 같은 칼럼에서 인용함.

시 여기는 정의와 공의를 실질적으로 무력화시킨다는 점입니다. 예컨대 문창극의 경우 각 개인의 근면과 절제라는 차선이 정의와 공의라는 최선을 밀어내고 그 자리를 대신 차지합니다. 문창극에게 가장 심각한 문제는 양반의 착취가 아니라 조선민족의 게으름입니다. 그래서 문창극의 하나님은 일제 강점기를 통해 양반의 착취를 다루는 것이 아니라 조선민족의 게으름을 다루십니다. 같은 맥락에서 문창극은 사람들을 자살로 몰아가는 자본주의 사회의 불의함과 냉혹함을 문제 삼지 않고 형편이 어렵다고 자살을 택하는 사람의 정신적 부패를 더 탓합니다.

이는 신구약 성경 전체를 관통하는 하나님의 마음과는 정 반대입니다. 하나님은 아주 가끔이긴 하지만 게으름을 책망하며 부지런함을 칭찬합니다. 그러나 하나님은 비교할 수 없을 정도로 더 많은 대목에서 정의와 공의 즉 사회적 약자의 권리를 지켜 주어야 한다는 점을 강조하십니다. 하나님에겐 근면과 절제보다 정의와 공의가 훨씬 더 중요한 상위의 가치라는 점은 명약관화한 진리입니다. 그래서 사회적 약자들이 도덕적 해이에 빠질 위험성이 있음에도 불구하고 매 7년 마다 부채를 탕감하고, 매 7년 혹은 희년에 노예를 해방시켜주며, 희년에 토지를 원주인에게 돌려주라고 명하셨습니다. 이 명령은 너무나 중요한 것이어서 이스라엘의 지도자들이 이에 순종하지 않았고 백성들조차 오히려 이를 좋게 여기자 하나님의 심판을 받아 바벨론에게 나라를 잃었습니다.렘5:20-31 왜냐하면 이는 우상숭배와는 동전의 양면과 같은 것이기 때문입니다.렘22:1-9, 16

이러한 구약의 전통을 완성하시러 오신 예수님은 비유를 들어 불의한 청지기를 칭찬합니다.눅16:1-13 그 청지기는 개인윤리 차원에서 칭찬할 만한 구석이 전혀 없었습니다. 주인의 재산을 낭비했고, 주인의 허락도 없이 주인에게 빚진 채무자의 빚을 50%, 20% 씩 탕감해줌으로써 공문서 위조행위를 했고, 그 나마 정말 채무자들을 위해서가 아니라 자신이 해

고당한 후 채무자들의 호의를 얻기 위함이었습니다. 그런데 예수님은 주인이 그 청지기의 지혜를 칭찬하였다는 말을 전하면서 그의 평가에 지지를 보내십니다. 곧 이어서 불의의 재물로 친구를 사귀라는 말을 덧붙이십니다. 여기엔 심오한 뜻이 있습니다. 예수님께서 '불의의 재물'이라는 표현을 사용하신 것은 이 세상에서 축적되는 재물이란 축적 당사자의 근면 혹은 절제와 상관없이, 부의 축적을 가능케 하는 사회구조의 불의한 성격 때문에 불의할 수밖에 없기 때문입니다. 이는 부자와 악인을 동일시한 선지자 이사야의 전통을 그대로 수용하신 것입니다.^{사53:9} 이런 사회에서 가장 중요한 도덕적 가치는 정의와 공의 즉 가난한 사람의 빚을 탕감해주는 것입니다. 정의가 최선이고 근면과 정직 등 개인적 윤리는 차선입니다. 바로 그렇기 때문에 예수님은 수많은 오해를 불러일으킬 수 있음에도 불구하고 불의한 청지기를 칭찬하신 것입니다.

그런데 문창극은 최선인 정의와 공의를 차선으로 차선인 근면을 최선으로 만들어 버린 것입니다. 놀랍게도 성경은 이런 행동이 바로 악의 본질이라고 증언합니다. 그것이 인류 타락의 출발점입니다. 인간이 선과 악을 구별하는 지혜를 갖는 것은 분명히 좋은 일입니다. 차선이라 할 수 있습니다. 그런데 최초의 인간이 선악과를 따먹은 순간, 차선을 하나님을 신뢰하고 그의 말씀을 순종하는 최선보다 더 중요하게 여긴 것입니다. 그것이 타락이요 악의 본질입니다.

예수님께서 안식일에 밀밭을 거닐다 손으로 이삭을 잘라 비벼 먹은 일을 한 자기 제자들을 옹호하고, 굳이 안식일에 병든 자를 고치신 것도 이런 맥락에서 쉽게 이해될 수 있습니다.^{막 2:23-3:6} 안식일의 기본 정신은 그 날에 부모, 아들, 딸, 남종, 여종, 심지어는 가축과 낯선 나그네까지 평등하게 쉼을 누리는 것입니다. 모두의 존엄성이 똑같이 하나님 앞에서 인정받는 날입니다. 그것이 정의와 공의의 핵심이기도 합니다. 그런데 예수님 당시 유대교 지도자들은 단순히 아무 일도 하지 않는 자체를 가장 중요한 가치로 부상시킴으로 정의와 공의라는 최고의 가치를 밀어내버렸습니다. 안식일 규정은 안식일에 일만 하지 않으면 그가 사회적으로 무슨 짓을 하든지 훌륭한 신앙인으로 대접받을 수 있는 제도로 전락했습니다. 하여 예수님은 그러한 가치전도와 거짓을 폭로하기 위해 당신의 안식일규정에 정면으로 도전하셨습니다. 안식일의 가장 중요한 가치를 복원시키고자 하셨습니다. 그 마음을 명확하게 표현해주는 말씀이 바로 '안식일이 사람을 위하여 생긴 것이지 사람이 안식일을 위하여 생긴 것이 아니다막 2:27는 예수님의 선언입니다.

인류 역사상 가장 치열했던 싸움인 예수님과 유대교지도자들 사이의 싸움은 단지 무엇이 선이냐를 중심으로 이뤄지지 않았습니다. 무엇이 가장 중요한 선이냐를 놓고 벌어졌습니다. 그건 예수님에겐 사람들 특히 병들고 배고픈 사람들의 존엄성이었고, 유대교 지도자들에겐 안식일에 일하지 않는 그 자체였습니다. 이 싸움이 얼마나 치열한 싸움이었는지, 결국 유대교 지도자들은 헤롯 당원들과 함께 예수를 살해할 모의를 시작합니다.막 3:6 예수님을 십자가에 처형하게 된 가장 직접적인 원이이었던 예수님의 성전청결 사건을 둘러싼 예수님과 유대교 지도자들 간의 싸움의 본질도 마찬가지입니다. 성전에서 가장 존중받아야 할 가치는 사회적 약자를 돌보는 정의입니다. 그래서 시편 기자들은 '거룩한 곳' 즉 성전에 계신 하나님은 고아의 아버지이시며 과부의 재판장이라고 고백하는가 하면시 68:5, '하나님이 성소' 즉 성전에 들어가서야 악한 자들 즉 사회적 약자들을 짓밟는 부자들과 권력자들이 마침내 하나님의 심판을 받아 끝장을 맞이하게 될 것이라는 확신을 갖게 됩니다.시73:17-19 그러나 유대교 지도자들은 오히려 성전제사를 빙자해 사회적 약자들의 주머니를 터는 강도짓을 일삼았습니다. 그들은 차선인 제사를 최선인 정의와 공의의 자리에 놓은 것입니다. 이것이 무서운 악의 본질입니다. 문창극의 치명적 잘못이 바로 여기에 있습니다. 그는 자본주의 정신과 가치에 매몰된 나머지 근면과 부의 가치를 공의와 정의의 가치보다 높은 자리에 두었습니다.

교계지도자들이 문창극의 역사관을 옹호한 이유

문창극 사태 와중에서 건전한 그리스도인들을 충격에 빠트린 것은 "문창극 후보의 역사관은 식민사관이 아니라 신앙적 민족사관이다"라는 제목으로 샬롬을 꿈꾸는 나비행동이 게재한 신문광고에 존경받을 만한 교계지도자들까지 대거 지지자로 이름을 올렸다는 점입니다. 물론 그 광고문엔 작성자의 교묘한 트릭이 담겨 있어서 지지자들에게 동정을 품을 수 있는 여지가 아주 없는 것은 아닙니다. 트릭이란 문창극 후보가 분명하게 말하지 않은 내용을 마치 그 자신이 말하고 있는 것처럼 보이게 했다는 점입니다. 문창극의 강연 어디에서도 정의로운 하나님께서 일본의 만행에 대해 책임을 묻고 심판하실 것이라는 내용을 찾아 볼 수 없습니다. 그러나 제4항은 문창극 역시 그렇게 말하고 있는 것처럼 보이게 만듭니다. 5항의 제목은 '문 후보의 발언이 인간 책임성을 균형 있게 강조한다면 식민사관을 깨뜨릴 수 있다'로 되어 있습니다. 이는 문 후보가 직접적으로 그런 강조를 안했다는 것을 인정하는 셈입니다. 그렇다면 문 후보의 역사관은 아직 식민사관의 의혹에서 자유로울 수 없습니다. 그럼에도 불구하고 광고문의 제목에선 단정적으로 그의 역사관이 식민사관이 아니라 신앙적 민족사관이라고 주장합니다. 이는 명확한 모순입니다.

그런데 저의 질문은 다른 데 있습니다. 그 글을 조금만 꼼꼼하게 읽었어도 앞서 언급한 문제점들을 금방 파악할 수 있었을 텐데 왜 그렇게 존경받을 만한 교계 지도자급 인사들이 쉽게 지지자로 이름을 올릴 수 있었을까요? 필자는 그 이유가 그들 역시 문창극 후보가 자신의 역사관을 통해 분명하게 보여준 자본주의 가치관에 깊이 공감한데 있다고 봅니다. 거기에 이의의 여지가 없을 뿐만 아니라 한국사회와 교회를 위해선 자본주의 가치관을 꼭 지켜내야 한다는 신앙적 사명감이 작동했다고 봅니다.

필자는 하나님께서 때론 불의한 나라와 세력을 통해 자기 백성을 고난 가운데 연단시키며 그 연단을 통해 바람직한 결과를 일구어 내신다는 자체에 이의를 제기하지 않습니다. 사실 그러한 역사적 이해의 틀은 함석헌 선생의 『뜻으로 본 한국역사』에도 분명하게 나타납니다.[13] 그러나 함석헌 선생이 바람직한 결과를 바라보는 관점은 문창극과 전혀 다릅니다. 하나님은 한국을 온 세상의 온갖 쓰레기와 오물을 쓸어 담는 '세계사의 하수구'로 삼으셨습니다. 동양문명의 퇴영적, 보수적, 형식적 폐, 서양문명의 물욕적, 약탈적, 외면적 폐를 짊어지게 만들었습니다. 한국민족에게 말할 수 없는 고난이요 시련입니다. 하지만 여기엔 하나님의 놀라운 뜻이 있습니다. 그건 바로 한국민족이 세상의 모든 불의를 받아낸 다음엔 직통하는 지하도를 통해 하나님께로 다시 돌려보냄으로써, 착함이 그 핵심인 '비상한 용맹'과 '비상한 도덕'으로 온 세상의 불의에 맞서 싸움으로 세상의 생명을 살려내라는 것입니다. '정의의 빛'과 '진리에 대한 사랑'이 우리 속에 불붙을 때, 무력국가들은 한낱 골리앗처럼 무너질 것입니다.

문창극과 그의 지지자들은 함석헌 선생이 사용한 역사이해의 틀을 사용하고 있지만 그와는 전혀 다른 결론에 도달합니다. 그건 그들에겐 기독교윤리와 자본주의 정신이 친화적이라는 신앙적 확신이 있기 때문입니다. 그래서 필자는 세월호참사와 더불어 문창극 사태의 궁극적 원인도

---

13) 함석헌, 『뜻으로 본 한국역사』 (제일출판사, 1988), 특히 제4부 (375–423 쪽)를 참조하십시오.

자본주의에 있다고 보는 것입니다.

II. 자본주의 극복이 대안이다

한국기독교 특히 개신교가 오늘의 비극적 상황에서 벗어나려면 자본주의와의 혈맹관계를 청산하는 것이 너무나 시급합니다. 필자가 굳이 혈맹관계라는 표현을 쓴 이유는 해방직후 분단과 6·25전쟁의 과정에서 적지 않은 그리스도인들이 자본주의를 지켜내기 위해 피를 흘렸기 때문입니다. 그리스도인들이 자본주의와 맺은 동맹관계는 가히 피로 맺은 관계라 할 만합니다. 그래서 그 동맹관계를 청산하는 것이 너무 어렵습니다. 어떻게 이렇게 어려운 과제를 수행할 수 있을까요?

1. 역사적 트라우마의 치유가 필요합니다.

사실 서구유럽국가에선 그리스도인이면서 사회주의자가 되는 것이 전혀 문제가 되지 않습니다. 서구유럽국가 중에서 영국이 미국식 자본주의 즉 신자유주의에 가장 가까운 나라입니다. 하지만 영국노동당의 지도자들 예컨대 영국 수상을 지낸 토니 블레어 같은 정치인은 자신이 그리스도인이면서 동시에 사회주의자라는 것을 거리낌 없이 공개적으로 밝힙니다.[14] 그 뿐 아니라 영국노동당은 당헌 제4조 1항에서 자신을 '민주적 사회주의 정당' 이라고 명확하게 규정합니다.

기독교신앙은 오직 자본주의와만 친화적이어야 한다는 확신은 남북분단과 한국전쟁이 한국그리스도인에게 남긴 치명적 트라우마에서 비롯된 강박관념입니다. 한국의 보수적 개신교가 가장 존경하는 칼빈의 교리에서 조차도 '열렬한 개인주의' 뿐 아니라 '기독교사회주의' 가 도출될

---

14) 박득훈, 『돈에서 해방된 교회』 (포이에마, 2014), 29-30 쪽.

수 있다는 것이 영국의 저명한 기독인 경제사학자인 리처드 토니의 주장입니다.[15] 한국 그리스도인은 치유자이신 주님께 겸손히 나아가야 합니다. 공산주의자들에게 핍박을 받고 그들과 전쟁을 하는 과정에서 생긴 억울함, 피해의식, 증오, 미움 그리고 분노를 들고 나아가야 합니다. 그리스도의 보혈이 너무나 깊이 새겨진 상처자국 위에 흐르도록 해야 합니다. 물론 진정한 화해와 평화는 상호관계가 회복될 때 완성될 것입니다. 그러나 그 이전에 우리 마음에 새겨진 트라우마가 먼저 치유되어야 합니다. 그렇지 않으면 우리는 화해의 손을 내밀 수조차 없게 됩니다. 전쟁에서 우리가 흘린 피보다 예수님께서 우리 모두를 위해 흘린 피가 훨씬 진하고 귀하다는 것을 온 몸과 마음으로 깨닫는 날이 속히 오길 간절히 기도하는 마음입니다. 그럴 때 자본주의와 결별할 수 있는 마음의 여유가 생길 것입니다.

2. 자본주의가 기독교신앙을 뒤틀고 교회를 타락시키는 것을 직시해야 합니다.

기독교신앙을 뒤트는 자본주의[16]

한국교회 대부분은 다양한 버전의 기복신앙, 값싼 은혜 그리고 죽은 믿음이 한국교회를 근원적으로 망가뜨려온 주범이라는 점에 동의합니다. 그런데 그 배후에 자본주의가 도사리고 있다는 점을 인지하지 못하는 경우가 많습니다. 그래서 한편으론 자본주의를 지지하면서 다른 한편으론 기복신앙, 값싼 은혜와 죽은 믿음을 비판하는 상황을 연출하곤 합니다. 그러나 조금만 정신을 차리고 살펴보면 둘 사이의 연관관계를 파

---

15) Tawney, *Religion*, p. 121.
16) 자세한 분석은 박득훈, 『돈에서 해방된 교회』, 96–152쪽을 참조하십시오.

악할 수 있습니다.

자본주의 정신의 핵심엔 맘몬숭배가 있습니다. 자본주의 사회에선 총체적 부의 창출이 그 어떤 가치보다도 우선입니다. 하여 부를 내려주는 신 즉 맘몬을 숭배합니다. 이는 오직 하나님만을 전폭적으로 그리고 순수하게 사랑하라는 첫째 계명과 정면으로 충돌합니다.마 22:37 그래서 자본주의를 기독교신앙과 친화적이 되게 하려면 어떤 모양으로든지 이 첫째 계명을 뒤틀어야 합니다. 그 결과가 바로 축복의 복음, 『야베스의 기도』, 『깨끗한 부자』, 『긍정의 힘』 등으로 대변되는 다양한 버전의 기복신앙입니다. 모든 기복신앙에 공통적으로 적용되는 공식을 스카이 제서니가 아주 명쾌하게 정리해줍니다.

> A를 제물로 바치고, B 기도문을 암송하며, C를 삼가면 하나님은 D로 우리를 축복할 것이다. [17]

여기서 D는 물론 세상적 풍요, 즉 권력, 명예 그리고 부를 의미합니다. 기복신앙의 트릭은 A, B, C를 강조함으로써 그 신봉자에게 자신이 마치 하나님을 전폭적으로 사랑하는 것 같은 착시현상을 불러일으킨다는 점입니다. 게다가 자신이 누리는 세상적 풍요가 바로 그런 신앙에 대해 하나님이 축복하신 결과라고 믿게 만듭니다. 결과적으로 그들은 하나님과 세상적 풍요를 동시에 즐기고 누립니다. 그들에게 하나님과 맘몬은 충돌하지 않습니다. 그 이유는 그들이 믿는 하나님이 성경의 하나님이 아니라 성경의 하나님으로 둔갑한 맘몬 자신이기 때문입니다. 기복신앙의 추종자는 하나님을 이용하여 세상적 풍요를 향유하는 사람들입니다.

또한 자본주의는 우리에게 자본주의 시장에서 경제활동을 할 때 철저

---

17) 스카이 제서니, 이대은 역, 『하나님을 팝니다?』(죠이선교회, 2009), 173 쪽.

히 이기적으로 행동하라고 요청할 뿐 아니라 그것이 정당하다고 끊임없이 설파합니다. 각자가 시장에서 이기적으로 경제행위를 할 때, 보이지 않는 손에 의해 공공의 이익을 극대화하는 결과를 낳는다고 설득합니다. 놀라운 조화입니다. 또 부가 소수에게 집중되지만 시간이 흐르면 그 부가 흘러넘쳐 사회적 약자에게 까지 유익을 끼치게 된다고 주장합니다. 그래서 자본주의는 '네 이웃을 네 자신같이 사랑하라' 는 둘째 계명과 정면으로 충돌합니다.^{마 22:39} 하여 기독교신앙을 자본주의와 친화적으로 만들려면 둘째 계명 역시 뒤틀어야만 합니다. 그 결과가 소위 값싼 은혜요 죽은 믿음입니다. 이웃을 자신처럼 사랑하는 실천에 자신을 던지지 않아도 주님의 은혜를 믿기만 하면 구원받는다는 신앙입니다. 그리스도인은 이렇게 기독교신앙을 뒤트는 자본주의와 결별해야 합니다.

교회를 타락시키는 자본주의 [18]

교회는 머리되신 예수님으로부터 너무나 아름다운 정체성을 자신의 DNA로 물려받았습니다. 그리스도의 몸^{엡1:22-23; 4:12, 15-16}, 하나님나라 동료시민들^{엡2:19b}, 하나님을 아버지로 모시는 가정^{엡2:19c}, 성령 안에서 하나님이 거하시는 집^{엡2:20-22}, 그리스도의 신부^{엡5:23-27, 29-30, 32; 고후 11:1-4} 등 말입니다. 그러나 교회가 자본주의와 친화적이 되는 순간 이 정체성은 흔들리기 시작합니다. 왜냐하면 소위 '규모의 경제' 라는 논리에 사로잡히기 때문입니다. 덩치가 일단 커야 좋은 일들 즉 전도, 선교 그리고 사회봉사 등을 크게 그리고 효과적으로 할 수 있다는 논리입니다. 자연히 교회는 개교회성장주의라는 함정에 빠집니다. 개교회성장주의에서 교회의 온갖 비리와 부패현상이 발생합니다. 양도둑질, 담임목사직 세습, 재정비리, 목회자의 권위주의적 전횡 등 말입니다. 그런 교회는 결국

---

18) 자세한 분석은 박득훈, 『돈에서 해방된 교회』, 154-174 쪽을 참조하십시오.

자본주의 사회에서 가난한 약자들을 짓밟으면서 성공한 강도들이 주인 노릇하는 소굴로 전락하게 되고막11:15-18 급기야는 자본주의 사회의 기득권층을 전폭적으로 지지하고 옹호하는 빗나간 정치참여에 열을 올리게 됩니다. 상황에 따라 때로는 정교분리 원칙을 앞세워 은밀하게 정치참여를 하고 때로는 로잔언약을 들먹이면서 노골적인 정치참여를 합니다. 두 가지 형태의 빗나간 정치참여를 일관성 있게 관통하는 것은 바로 자본주의에 대한 적극적 지지입니다. 이를 간파한다면 그리스도인은 자본주의와 결별하고자 하는 강렬한 의지를 갖게 될 것입니다.

자본주의 배후에서 조종하는 악마의 정체[19]

이렇게 기독교신앙을 뒤틀고 교회를 타락시키는 자본주의의 이면에는 악마적 존재 즉 맘몬이 버티고 서 있습니다. 예수님은 그 정체를 요 8:44 에서 아주 간략하지만 명료하게 폭로합니다. 탐욕, 야만 그리고 거짓입니다. 악마는 자기의 권세를 강화하려는 탐욕 때문에 사람들과 자연을 얼마든지 죽이고 황폐화시키는 야만적 행위를 개의치 않습니다. 그리고 이런 야만을 정당화시키기 위해 다양한 거짓 논리를 생산하고 이를 교양으로 포장하는데 능수능란합니다. 그 과정에서 자기 스스로를 완벽하게 속입니다. 거짓말을 하면서도 얼마든지 굵은 눈물을 흘릴 수 있습니다.

그래서 악마적 존재가 조종하는 자본주의는 탐욕적일 수밖에 없습니다. 소수 자본의 이윤극대화와 권력 강화에 최고의 가치를 부여합니다. 경제민주화로 대변되는 사회정의와 공공성의 가치가 비집고 들어갈 틈이 거의 없습니다. 또한 야만적일 수밖에 없습니다. 소수 자본의 이익과 권력의 확충을 위해서라면 얼마든지 사회적 약자의 생명을 무참히 짓밟

---

19) 이 부분은 앞서 언급한 필자의 글, '세월호 참사에 대한 신학적 성찰'을 참조해서 약간 수정한 것입니다.

고 자연을 파괴할 수 있기 때문입니다. 을에 대한 갑의 횡포, 자본의 이익을 위한 각종 규제완화, 비정규직 노동자의 양산 등이 그 명백한 증거들입니다. 결국 자본주의는 거짓될 수밖에 없습니다. 그 야만성을 교양으로 포장하지 않으면 스스로를 정당화할 도리가 없기 때문입니다. 자본주의의 야만적 사회구조를 사회적 약자들의 이익 증대를 위한 가장 효과적인 방편으로 제시합니다. 그 대표적 논리가 앞서 언급한 낙수효과이론입니다.

그렇기 때문에 한국교회가 자본주의를 절대적으로 옹호하는 순간 악마의 손아귀에 말려들어갈 수밖에 없는 것입니다. 교회도 탐욕의 노예로 화하며, 야만적이 되고 온갖 거짓을 만들어내게 됩니다. 교회가 근면과 절제를 정의와 공의보다 상위적 가치로 둔갑시키게 된 것도 악마의 술수에 넘어갔기 때문입니다. 악마의 조정을 받고 있었던 유대교 지도자들에게서 볼 수 있는 것처럼요8;41-44 악마는 언제나 자신의 야만성을 감추기 위해 이런 저런 도덕을 이용합니다. 그 목적은 앞서 살펴본 것처럼 차선으로 최선을 무력화하기 위함입니다. 정의와 평화가 서로 입을 맞추는 하나님나라를 열망하는 교회가 자본주의와의 혈맹관계를 청산하는데 헌신해야 할 가장 궁극적인 이유가 바로 여기에 있습니다.[20]

3. 자본주의의 극복이 가능함을 믿고 실천해야 합니다.

그러나 자본주의를 극복해나가는 것은 너무나 지난한 일입니다. 한국사회처럼 자본주의가 견고한 성벽을 쌓고 있는 나라는 아마도 미국을 제외하곤 지구상에 없을 것입니다. 그래서 적지 않은 그리스도인들과 교회가 자본주의와 맞서 싸우다가도 지쳐서 포기합니다. 결국 현실에 순응하

---

20) 자본주의를 극복하는 일이 신앙적 과제임을 좀 더 깊이 성찰하려면 박득훈, 『돈에서 해방된 교회』, 238-298 쪽을 참조하십시오

는 길을 걷습니다.

그러나 우리는 길고 긴 인류역사를 찬찬히 돌아봐야 합니다. 그리고 긴 호흡으로 미래를 응시해야 합니다. 길이 끝났음이 분명히 확인되는 바로 그 지점에서 누군가 '그러면 내 자신이 길이 되리라!' 굳게 결심하고 분연히 일어서는 한 사람이 없었다면 역사는 한 걸음도 앞으로 나아갈 수 없었을 것입니다. 전태일 열사가 바로 그런 사람입니다. 기독교신앙은 바로 그 한 사람이 되게 하는 것을 가능케 합니다. 기독교신앙의 핵심은 사랑이고 사랑은 어떤 상황에서도 바라기 때문입니다.고전13:7c 하워드 진은 너무나 감동적인 말을 남겼습니다. '결국 내겐 절망할 권리가 없다. 나는 희망을 고집한다.' [21] 그가 권리, 고집이라는 표현을 사용한 것은 그 역시 희망을 접고 싶은 유혹에 자주 시달렸음을 반증합니다. 하지만 그는 희망의 끈을 놓을 수 없었습니다. 그건 바로 내 손을 잡고 버티고 있는 사회적 약자들을 뿌리치는 걸 의미하기 때문입니다. 이웃 특히 사회적 약자를 진실로 사랑하는 사람은 그로 하여금 정의롭고 평화로운 세상에 살게 하고픈 희망을 결코 포기할 수 없습니다.

그리스도인에겐 자본주의의 거대한 세력 앞에서 절망할 권리가 없습니다. 자본주의를 극복할 수 있다는 희망을 고집해야 합니다. 다행히 대한민국의 헌법은 그 희망을 고집할 수 있게 도와주는 놀라운 근거를 제시합니다. 소위 경제민주화 조항이라 불리는 제119조 2항입니다.

국가는 균형 있는 국민경제의 성장 및 안정과 적정한 소득의 분배를 유지하고, 시장의 지배와 경제력의 남용을 방지하며, 경제주체간의 조화를 통한 경제의 민주화를 위하여 경제에 관한 규제와 조정을 할 수 있다.

---

21) 하워드 진, 유강은 역,《달리는 기차 위에 중립은 없다》(이후, 2002), 22쪽. 권기봉, "결국 내겐 절망할 권리가 없다", 『오마이뉴스』(2002. 12. 1.)에서 재인용. http://www.ohmynews.com/NWS_Web/View/at_pg.aspx?CNTN_CD=A0000096564&CMPT_CD=SNS0(2013. 9. 28. 검색).

대한민국헌법은 국가가 민주적 방식으로 자본주의를 극복해나가는 정책을 실현할 수 있다고 말합니다.[22] 그리스도인은 이 조항을 끈질기게 붙들고 마침내 실현되도록 애써야 합니다. 유종일 교수는 경제민주화를 실현해나가는 경제체제의 특징을 공정경쟁, 참여경제, 분배정의라고 규정합니다.[23] 물론 이러한 경제민주화가 실현된다고 해도 자본주의의 기본적 틀은 유지될 것입니다. 하지만 가장 탐욕적이고 야만적이고 거짓된 자본주의 3.0에선 벗어날 수 있을 것입니다. 하나님나라의 현실적 근사치를 찾아가는 그리스도인은 거기서부터 출발해야 합니다.

맺음말

한국사회와 교회는 실로 결정적으로 중요한 기로점에 서 있습니다. 세월호 참사와 문창극 사태 이전의 상태를 그대로 유지·강화시켜 나갈 것인지 아니면 새로운 길을 열어갈 것인지 결단해야 할 순간입니다. 한국사회와 교회가 오늘 어떤 선택을 하느냐에 따라 그 미래는 확연히 달라지고 우리 시대에 대한 역사의 평가 역시 극명한 대조를 이루게 될 것입니다. 자비로우신 하나님께서 부디 한국교회의 눈을 활짝 열어주셔서 세월호 참사와 문창극 사태를 일으킨 주범은 바로 자본주의라는 사실을 볼 수 있게 해주시길 기도합니다. 하여 그 동안 자본주의와 맺어 왔던 혈맹관계를 과감히 청산하고 하나님나라의 현실적 근사치를 찾아가는 여정에 대범하게 그 발을 내 딛을 수 있길 진심으로 기원합니다.

---

22) 사실 현행 헌법의 경제민주화 조항보다 기독교적 가치에 더 가까운 것은 놀랍게도 1948년 제헌헌법 제84조입니다: '대한민국의 경제질서는 모든 국민에게 생활의 기본적 수요를 충족할 수 있게 하는 사회정의의 실현과 균형 있는 국민경제의 발전을 기함을 기본으로 삼는다. 각인의 경제상 자유는 이 한계 내에서 보장된다.'
23) 경제민주화 조항에 대한 간략하면서도 깊은 해설서를 보려면 유종일, 『경제119』(시사IN 북, 2011)를 참조하십시오.

사회문제에 대한 복음주의의 실패,
이제는 넘어서자.

김형원 교수

하.나.의교회 목사 | 기독연구원 느헤미야 원장

[1] 한국 보수교회의 사회참여 역사

1. 1950년—1980년대

1. 장로 이승만 대통령에 대한 적극적인 지원

해방 후 장로인 이승만 대통령을 전폭적으로 지지했던 한국 보수교회
는 이승만 대통령의 노골적인 지지 아래 정치에 깊숙이 관여하였다. 그
들은 이승만 정권을 거의 기독교 정권과 같은 것으로 인식했고, 그 정권
의 유지를 위해 부정부패까지 묵인하고 감쌀 정도로 당시 정치세력과 밀
착된 모습을 보여주었다. 그러나 4.19 혁명 후 기독교인 대통령의 몰락으
로 충격을 받은 교회는 군사정부가 들어선 후 정치와 일정한 거리를 유
지한 채 내적 역량을 키우는데 집중하기 시작했다. 보수 교회는 정치일
선에서 물러났을 뿐만 아니라 일제시대 당시 교회가 취했던 현실도피와
피안적 세계관을 다시 복구하면서 사회와 정치에 대한 참여는 성경적으
로 타당하지 않은 것이라고 가르치기 시작했다. 그것은 진보 교회가 독
재정부에 대항하여 적극적으로 반대 활동에 나서는 것에 대한 견제의 의

미도 있는 것이었다.

2. 독재정부 시절 보수 교회의 가르침

독재정부 시절 사회적 불의 문제에 관심이 많았던 기독 청년들이 교회에서 가장 많이 들었던 가르침은 "통치자는 하나님이 세우신 것이니 절대 복종하라. 데모하지 말라. 만약 문제가 있다고 생각하면 기도하라"는 말이었다. 정부에 반대하는 것은 하나님께 불복종하는 것과 동격으로 취급되었다. 이것과 함께 강조되었던 것은, 교회와 기독교인들은 정치와 사회에 관심을 가지기보다는 오직 영적인 일에만 관심을 가져야 하며, 전도와 선교가 가장 중요한 일이라는 것이다. 그래서 당시 독재 정부를 비판하고 저항하면서 거리로 나섰던 진보적인 교회를 비판하고, 그 결과 그들이 당하는 핍박을 쓸데없이 자초하는 것이라고 간주하며, 오직 교회 내적 성장에만 관심을 기울였다.

그러나 당시 전세계 복음주의교회들에서는 독재와 빈곤, 폭력과 압제, 전쟁과 평화, 환경, 인권 등의 이슈를 둘러싸고 신학적 논의가 활발하게 일어나고 있었다. 그 결과가 1974년 스위스 로잔에서 모인 세계복음화 국제대회에서 공포한 로잔언약이었다. 특히 제5항 "그리스도인의 사회적 책임"Christian Social Responsibility에서 기독교인의 사회적 책임의 필요성과 정당성을 강조하면서 모든 종류의 악과 불의에 저항하고 정의와 화해를 실현하는 것이 기독교인의 중대한 책임이라는 것을 강조하였다.

그러나 대회에 참석했던 한국 대표는 결과물을 한국교회에 제대로 알리지 않았고, 그 결과 교회의 사회적 책임을 위한 활동, 특히 독재 권력에 저항하고, 불의와 인권탄압에 항거하고 사회적 약자를 세우는 일에 관여하지 않는 상황이 지속되었다. 10년이나 지난 후에야 학생선교단체와 기독교세계관 운동에 관심 있던 사람들의 노력으로 비로소 사회참여를 강조하는 세계 복음주의 교회들의 동향과 그 신학적 풍성함이 알려지기 시작했다. 그 와중에도 한국의 보수교회들은 오직 선교와 교세확장에만 열을 올려 독재정권의 도움을 받아 '엑스폴로 74'나 '빌리그래함 전도집회'와 같은 대형집회를 이어갔다. 여전히 교회와 기독교인의 사회적 책임과 현실 참여에 대해서는 침묵 내지는 금지 전통이 이어지고 있었다.

3. 신학적 근거

한국 보수교회들이 사회-정치 참여를 기피했던 성경적-신학적 근거는 크게 세 가지가 있었다.

첫째, 롬 13장을 기초로 하는 '정교분리' 신학이다. "각 사람은 위에 있는 권세들에게 복종하라 권세는 하나님으로부터 나지 않음이 없나니 모든 권세는 다 하나님께서 정하신 바라. 그러므로 권세를 거스르는 자는 하나님의 명을 거스름이니 거스르는 자들은 심판을 자취하리라."롬 13:1-2 보수 교회는 이 가르침을 절대적인 것으로 해석해서 국가 통치세력들에게 무조건 복종해야 한다고 가르쳤다. 그들은 정부의 권력이 하나님이 정하신 조건 범위 내에 있다는 것을 규정하는 4절에 대해서는 전혀 고려하지 않고 오직 1-2절만 강조할 뿐이었다. "그는 하나님의 사역자가 되어 네게 선을 베푸는 자니라. 그러나 네가 악을 행하거든 두려워하라 그가 공연히 칼을 가지지 아니하였으니 곧 하나님의 사역자가 되어 악을 행하는 자에게 진노하심을 따라 보응하는 자니라."

둘째, 영적인 것과 세속적인 것을 날카롭게 분리하여 그리스도인들은 오직 영적인 일에만 관심을 기울여야 한다는 '성속이원론'이다. 사회와 정치에 관심을 기울일 시간이 있으면 그 시간에 전도를 해서 더 많은 사람을 구원으로 이끄는 것이 훨씬 가치 있는 일이라고 가르쳤다. 그러나 실제 생활에서는 어떤 그리스도인도 기도나 전도만 할 수는 없다. 가정 생활도 하고, 직장생활도 하며, 여행도 가고, 오락도 즐긴다. 그것을 절대 시간낭비라고 비판하지는 않는다. 우리 삶의 한 부분이기 때문이다. 그러나 유독 사회변화를 위해 노력해야 한다고만 하면 이원론을 꺼내들며 배제하려고 한다. 신학적 일관성까지도 아니고 삶의 일관성조차 결여된 태도인 것이다.

셋째, 설령 기독교인이 세상을 변화시킬 책임이 있다고 해도 그것은 직접적인 사회변화에 나서는 것보다는 개인의 변화를 통해서 이루어져야 한다고 생각한다. 사람과 사회를 진정으로 변화시키는 것은 정치나 사회참여가 아니라 복음으로 개인을 변화시키는 것을 통해서라고 생각하는 것이다. 이런 주장은 라인홀드 니버의 '도덕적 인간과 비도덕적 사회'에서 언급하고 있듯이, 개인의 변화가 필연적으로 사회의 변화로 연결된다는 근거 없는 순진한 생각에서 비롯된 것이며, 우리의 삶이 개인적인 영역과 사회구조적인 영역이 모두 섞여 있기에 변화도 두 영역 모두에서 시도되어야 마땅하다는 것을 간과한 것이다.

4. 이중성

그러나 이런 신학적인 인식의 결핍보다 더 문제가 되는 것은, 한국 보수교회 지도자들이 말로는 이원론적인 입장을 주장했지만 실제로는 매우 적극적으로 사회와 정치에 관여했다는 사실이다. 60-80년대 군사정권 아래에서 비록 신학적으로는 '정교분리 원칙'을 내세우면서 마치 정치에 전혀 참여하지 않는 것처럼 포장했지만, 실제로는 독재 정권에 협력하고 지지하고 동조하는 정치적 행위를 지속적으로 보여주었다. 그 대표적인 예가 유신헌법에 대한 공개적인 지지 표명과 국가조찬기도회였다. 이것은 거의 정교유착으로까지 볼 수 있는 행태였다.

2. 적극적 정치참여로 전환

1. 변화의 시기

1980년대까지 명목적으로 정교분리를 내세웠던 보수교회들은 1990년대에 들어서면서 전혀 다른 모습을 보이기 시작했다. 그 기폭제는 1989년 KNCC에 대항하는 보수 교단의 연합체로 결성된 한기총의 발족이었다. KNCC보다 더 많은 교단과 교회들을 규합한 한기총은 야망을 가진 대형교회 목사들의 주도 하에 정치적으로도 힘을 발휘할 수 있다는 자신감을 가지게 되었다. 1992년 대통령 선거에서 장로대통령 만들기에 온 힘을 기울이면서 어느새 정치 일선에 나서게 되었다. 이후 보수정권이 무너지고 진보정권이 들어선 시점부터는 보다 노골적으로 그들의 정책에 대해 직접적으로 반대하면서 정치 현장에서 자신의 목소리를 높이기 시작했다. 과거에 그렇게 강조하던 '정부에 무조건 순복하라'는 가르침은 더 이상 교회에서 들을 수 없게 되었고, 교회 강단은 정부 정책에 대한 비판과 같은 정치적 언설로 가득 차게 되었다. 주5일제 반대, 햇볕 정책에 대한 비판, 전시작전권 이양 반대, 국가보안법 개정 반대, 사학법 개정 반대, 수도 이전 반대, 등등.

1990년대 말부터는 기독교인들이 주도하는 정부비판 집회와 시위, 기도회와 예배를 광장에서 찾아보는 것이 흔한 일이 되었다. 이들은 한기총의 주도 하에 과거 운동권에서 전향한 사회운동에 익숙한 자들이 이끄는 기독교사회책임이나 기독교 뉴라이트의 가세 속에 지속적으로 사회-정치적 참여에 나서기 시작했다. 그 결과 21세기에 들어 기독교 보수 세력은 한국사회 보수 세력의 가장 충실한 지원세력이 되었다. 어느새 과거에 금과옥조처럼 받들던 정교분리와 성속이원론 신학을 저버린 것이다. 그 대신 진보교회의 전유물처럼 여겨졌던 기독교의 사회적 책임을 강조하기 시작했다.

2. 변화의 이유

이런 변화를 목격한 사람들은 한국 보수교회가 수십 년 동안 사회−정치적 참여를 반대하다가 갑자기 적극적인 사회참여로 돌아선 것에 대한 이유가 무엇인지 궁금해 하기 시작했다. 1990년대 말 어느 신문사 기자는 적극적으로 광장에 나오는 한기총 대표회장에게 정교분리와 정부에 대한 순복이라는 신학적 입장을 바꾼 이유가 무엇인지 물었다. 그의 대답은 성경적이거나 신학적인 대답이 아니었다. 단지 정치적 상황이 바뀌어서 이렇게 행동하지 않을 수 없다는 것뿐이었다. 최소한 목사나 교회의 지도자라면 행동변화의 이유에 대해 성경적이고 신학적인 근거를 설명하는 것이 우리의 기대지만, 이들은 그저 현실의 변화만을 자신들의 행동의 변화 이유로 들 뿐이었다.

3. 세 가지 요인

그러면 한국 보수교회는 정교분리와 이원론적인 신학적 입장을 버리고 왜 이렇게 적극적인 사회참여로 돌아서게 되었을까? 크게 세 가지 요인이 작용한 것으로 보인다.

첫째, 민주화 요인: 1987년 민주화 항쟁 이전에 독재정권을 비판하던 진보 교회의 인사들은 그 대가를 톡톡히 치렀다. 수많은 사람들이 옥고를 치렀고, 지독한 감시에 시달렸으며, 빨갱이라는 낙인과 더불어 살아가야했다. 그러나 당시 보수 교회 지도자들은 신학적 이유도 있었지만, 추후에 몇몇 보수 대형교회 목사들이 고백했듯이, 군사정권에 대한 두려움으로 인해 적극적으로 행동에 나서지 못하였다. 그러나 1987년 민주화 이후 독재와 정의와 같은 부담스러운 이슈가 사라지면서 점차 현실 정치에 참여하기 시작했다. 그렇게 해도 탄압을 받을 위험이 없어졌기 때문이다. 진보적 인사의 노력으로 얻은 민주화의 혜택 속에서 자신들의 목소리를 높이기 시작할 수 있었던 것이다.

둘째, 권력 요인: 독재 정권 시절 정부와의 협력을 바탕으로 내적으로 세력을 키웠던 보수 교회들은 1980년대 이후 초대형교회를 건설하면서 자신들의 세력이 상당하다는 것을 인식하게 되었고, 1989년 한기총이라는 거대 집단의 결성과 더불어 한국 사회와 정치권에서도 그 파워가 통한다는 것을 피부로 느끼게 되었다. 자신이 장로라는 것을 노골적으로 알리면서 교회에 러브콜을 보냈던 김영삼이 결국 대통령이 되었고, 대형교회마다 국회의원들을 비롯해서 사회 지도층 인사들을 다수 찾아볼 수 있는 상황이 되었다는 것 역시 보수교회의 파워를 보여주기에 충분한 것이었다. 그 결과 보수 교회의 지도자들은 자신들의 요구가 한국 사회에서 관철될 수 있다는 자신감과 더불어 신학의 변화와는 무관하게 점차 현실 정치의 맛에 끌리기 시작했다. 이것이 대형교회 목사들의 권력 욕구와 맞물리면서 적극적인 사회−정치 참여는 당연한 것이 되어버렸다. 거기에 더하여, 보수 정권 시절 정부를 지지하면서 제공받았던 각종 혜택들에 대해 진보정부가 바로잡기 시도를 하자 목회자 소득세, 사학법, 종교재산 보수 교회는 눈에 쌍심지를 켜고 정부비판에 나섰고 심지어는 정부 전복거의 혁명과 같은을 노골적으로 지지하는 데까지 이르렀다.

셋째, 가치관의 위기: 군사독재 정권은 보수 기독교가 원하는 친미−반공과 미국식 자본주의 논리를 그대로 정책 기반으로 삼았다. 그러나 김영삼 정부 이후 이러한 기조에 조금씩 변화가 시작되었고, 김대중−노무현으로 이어지는 진보 정부는 보수 세력이 위기감을 느낄 정도로 정책을 전환하기 시작했다. 이런 현상은 보수 교회들의 확신에 도전하는 것으로 받아들여지게 되었다. 그들은 '공산주의=기독교 박해=반공=미국의 도움=기독교 자본주의 국가로서의 미국=친미=친자본주의'가 모두 동일하다는 도식을 확고하게 만들었고, 그것과 반대되는 '반미=공산주의와의 대화와 타협=사회주의=반기독교' 라는 반대 명제의 도식은 결코 타협할 수 없는 것으로 설정하였다. 그래서 반대 명제에 하나라도 해당되면 결국 기독교 자체에 도전하는 것으로 간주하면서 기독교를 사수해야 한다는 사명감으로 거리로 나서게 되었다.

[2] 사회참여의 근거

1. 사회윤리의 부재

사회참여에 대한 입장의 변화에 대해 신학적 근거가 빈약한 것도 문제지만 그것보다 더 심각한 것은, 한국 보수교회는 사회에 참여하고 정치에 참여하겠다는 의욕만 앞섰을 뿐 그 이유와 방향에 대한 신학적 기초가 매우 빈약하다는 점이다. 왜 사회참여를 해야 하는지, 어떤 기준을 가지고 참여해야 하는지, 한국사회를 어떤 모습으로 만들기 위해서 참여하는지에 대한 성경적–신학적 기준이 왜곡되어 있다는 것이다.

기독교인들이 현실에 참여한다는 것은 현실을 하나님께서 원하시는 모습으로 변화시키겠다는 의도가 담긴 것이다. 그렇다면 하나님이 사회를 향해서 원하시는 모습이 무엇인지 먼저 이해해야 하는 것이 마땅하다. 보수 교회 지도자들이 생각하는 사회를 향한 하나님의 의도가 무엇인가?

진보 교회는 수십 년 동안 하나님이 원하시는 사회상, 즉 성경적 사회윤리를 정립하려고 애써왔다. 세계 복음주의 신학계에서도 1960년대 이래 국제적이고 정치–경제적인 난제들에 직면하면서 사회윤리에 관심을 갖고 성경적–신학적 원리를 도출하려고 노력해왔다. 그 한 가지 예가 로잔언약과 후속 선언들이었다. 휘튼, 그랜드래피즈, 마닐라 그러나 한국 보수 교회는 거의 전적으로 개인 윤리만 가르쳤을 뿐, 정치, 정부, 경제, 인권, 문화, 인종, 정의, 평화, 평등, 빈곤, 전쟁과 같은 사회 윤리의 주제들에 관해 제대로 된 신학적 토론도 없었고, 더욱이 교회에서는 이런 주제들에 대해 공부하거나 가르친 경험도 없었다. 그런 상태에서 갑자기 힘이 생기면서 의욕을 가지고 사회 현장에 뛰어든 것이다. 그러니 마치 거대한 황소 한 마리가 멍에에서 벗어나 좌충우돌하면서 밭을 쑥대밭으로 만드는 것과 같은 행동을 보여주고 있는 것이다.

2. 보수교회 사회참여의 두 가지 행동 원리

　그러면 보수교회가 적극적인 사회참여에 나설 때 성경적–신학적 사회 윤리 외에 근거로 삼는 행동원리나 가치관은 무엇인가?

　이들이 가장 중요시하는 핵심 가치는 성경적이거나 신학적인 것이 아니다. 오직 현실적인 이유뿐이다. 그것은 크게 두 가지로 요약된다. 반공주의와 경제주의.

1. 반공주의

　해방 이후 북한 지역에 있었던 교회는 두 가지 면에서 공산주의 세력과 조화될 수 없었다. 우선 사상적으로 유신론인 기독교는 무신론인 공산주의 세력과 충돌할 수밖에 없었다. 그러나 그것뿐만이 아니었다. 북한 서북 지역의 교회와 기독교인들은 신사참배에 응하면서 일제에 협조적이었을 뿐만 아니라 유산 계급이 대부분이었기 때문에 민족과 무산계급을 중시하던 공산주의 세력과 충돌할 수밖에 없었다. 특히 토지개혁은 유산계급 기독교인들에게 큰 타격을 주었고, 결국 기독교인들은 공산주의와 기독교가 공존할 수 없다는 것을 깨닫고 대거 월남하게 되었다. 남한에 있던 교회도 선교사나 미군정과 더 친밀감을 느낄 수밖에 없었기에 해방 후 좌우 이념 갈등 국면에서 거의 일방적으로 우익 편을 들었고, 그 것이 장로 이승만에 대한 전폭적인 지지로 이어졌다. 결국 월남한 교인들과 남한의 교회들 모두 친미적이고 반공적인 성격을 강하게 띠게 되었다. 한국전쟁은 이런 경향을 더욱 극단적으로 강화시켰다.

영원할 것 같았던 전 세계의 체제대결적인 냉전은 1990년대 들어가면서 급격하게 변화되었다. 소비에트연합이 해체되고, 동부 유럽이 유럽공동체로 편입되면서 냉전 시대가 막을 내렸고, 중국과 베트남 등 공산권 국가들이 자본주의화의 길로 나서면서 공산주의에 대한 반감 내지는 대결은 구시대적 유물로 전락하게 되었다. 이 변화의 바람은 한반도에도 불어 닥쳐 남북교류와 더불어 화해를 위한 다양한 노력들이 시도되었다. 점차 일반 국민들도 북한에 비해 남한이 경제적, 군사적, 그리고 사회문화적으로 훨씬 우월하다는 것을 확신하게 되었다. 이것은 북한 당국자들도 흡수통일을 두려워하는 모습을 보이면서 스스로 인정하는 것이 되어버렸다.

그러나 한국의 보수 정치 세력은 분단이라는 상황이 여전히 자신의 정치적 목적을 달성하는데 유용하다고 판단하여 중요한 정치적 국면마다 남북대립이라는 오래된 화두를 벽장 속에서 꺼내어 사용한다. 그들은 여전히 과거 냉전적인 사고의 틀로 북한을 바라보고 남북관계를 판단한다. 그래서 대화와 협력도 마지못해 할 뿐 적극적으로 나서지 않는다. 오직 냉전적 대결만이 지속해야 할 행동이라고 보는 것이다.

그러나 이것보다 더 심각한 것은, 보수 세력은 우리 사회의 모든 다양한 현상과 가치의 갈등을 반공이라는 한 가지 이름으로 판단해버린다는 점이다. 그래서 그들은 전두환도 이승만도 박정희도 옹호하게 되는 것이다. 독재, 학살, 친일, 인권탄압은 아무런 문제가 되지 않는다. 반공이라는 가치만 공유하면 우리 편인 것이다.

이에 더하여, 실제로는 반공과 전혀 상관없는 사안에도 반공의 잣대를 들이댄다. 광주민주화항쟁은 정통성 없고 민중을 억누르는 권력에 대한 저항이지만, 보수주의자들에게는 이것도 반공 대 친공의 문제로만 보인다. 그들은 여전히 5.18은 좌익이 주도한 폭동이며, 그래서 그것을 진압한 것은 자유민주주의를 공산주의로부터 사수하는 애국적 행동이라고 생각한다. 노조 운동 역시 반공의 잣대로 판단한다. 과거 마르크스가 만국의 노동자여 일어나라고 했던 말을 아직도 기억하면서 현재 모든 노동자들이 마치 마르크스의 명령에 따라 움직이는 것처럼 착각하는 것이다.

이런 현상에 대해 김석수 경북대 철학과 교수는 "한국의 보수주의는 냉전적인 반공주의에 안착하여 기득권을 유지하거나 더 많은 권력을 유지, 확보하려는 면이 강했다. 우리의 보수주의는 수구 반동 세력에 가까웠다고 할 수 있다. 한국의 보수주의는 ... 마침내 스스로를 광기화시키는 파시즘적인 형태로 이어졌다"고 말한다. "한국 현대 철학사에 등장하는 기형적 보수주의 측면에 대한 반성적 고찰" 진보와 보수, 사회와 철학 연구회 2002, 이학사, 129

이런 수구세력에 동조하는 또 하나의 세력이 바로 한국 보수교회다. 이들은 반공을 강하게 내세우고, 북한에 대해 적대적인 태도를 취하고, 북한과 관련 있어 보이는 사회주의적 경제를 반대하고, 미국식 경제체제를 지지하며, 자유세계의 수호자로서 미국을 인정하고 지지하는 세력은 무조건 동지로 간주한다. 그래서 그것과 반대되는 입장을 가지거나 정책을 시행하려는 세력에 대해서는 마치 신앙에 대해 박해를 가하려는 세력으로 간주하면서 비판하는 것이다. 이것이 한국 보수교회가 사회-정치 현장에 적극적으로 참여할 때 삼는 절대적인 기준이다. 이 기준 앞에서 다른 가치들은 모두 뒷전으로 밀려나는 것이다.

2. 경제주의

한국 보수교회에서 반공과 한 쌍을 이루는 것이 미국식 자본주의 경제체제에 대한 맹신이다. 이들은 세계 경제대국인 미국을 하나님의 축복을 받은 국가로 추앙하면서 우리도 무조건 그 길로 따라 가야한다고 확신한다. 미국식 자본주의가 하나님의 경제체제라고 굳건히 믿는 것이다. 이와는 반대로, 사회주의적 요소가 강하게 들어간 유럽식 자본주의나 사회주의 경제체제는 북한이 채택하는 공산주의와 같은 것으로 간주하고, 그것을 지지하고 자본주의를 비판하며 제동을 거는 것은 결국 북한을 편드는 것이고, 반미를 선동하는 것으로 받아들인다. 이들에게는 자본주의의 다양성은 전혀 고려대상이 아니다. 오직 얄팍한 지식에 근거한 미국식 무한경쟁 자본주의만 그리스도인이 택해야 할 것으로 생각하는 것이다.

그래서 이들은 사회적 이념으로서의 사회주의-공산주의에 대한 반감을 경제 전반에 대해 적용되는 것으로 확장한다. 그 결과 거의 맹목적으로 시장자유주의, 친기업적 정책, 재벌위주 정책, 성장 제일주의, 무한경쟁주의를 지지한다. 이에 반해 이와 상반되는 것처럼 보이는 노동자 권익을 위한 정책, 기업에 대한 규제, 부의 공정한 분배와 같은 정책들에 반감을 갖게 된다.

그러나 더 심각한 것은 이들이 가지고 있는 경제제일주의 사고방식은 단지 경제정책에만 국한되지 않는다는 점이다. 그들은 독재, 인권 탄압, 빈부격차, 경제적 파탄으로 인한 자살자의 급격한 증가, 교육의 경제예속화와 같은 문제들은 경제 성장에 부차적인 것으로 치부한다. 경제만 발전될 수 있다면 그 모든 희생은 감수할 만한 가치가 있다고 생각하는 것이다. 결국 한국 보수교회는 천민자본주의의 가장 강력한 지지 세력이 되었다. 이처럼 경제주의는 반공주의와 더불어 한국보수교회를 움직이게 하는 가장 강력한 가치요 동인이 된 것이다.

3. 파생적인 행태

1. 한국 보수정치세력과 연결되는 오류

반공주의와 경제주의를 맹목적으로 수용한 결과, 한국 보수교회는 이 두 개의 연결고리로 보수주의 이데올로기를 성경적 비판 과정 없이 수용하면서 수구 정치 세력을 거의 맹목적으로 지지하게 된다. 이것은 1950년대부터 1980년대까지 수구 독재정권을 전폭적으로 지지하고 지원했던 이유와 일맥상통한다. 반공 승공 멸공을 국시로 내건 독재정권, 이에 더하여 경제개발을 최우선 과제로 설정한 군사정권은 보수 교회의 입장에서 보면 핵심 가치를 공유하는 집단인 것이다. 보수 정치 세력도 이 사실을 간파하고, 보수 기독교 세력이 자신들의 정치적 목적을 달성하기 위한 좋은 동력으로 인식하면서 그들을 부추기고 자극하면서 정치적 장으로 끌어들인다.

이처럼 반공과 경제주의를 가장 중요한 가치로 설정한 결과, 이 두 가지 가치에서 일치만 된다면 다른 부분에서 나타나는 차이는 무시하게 되었다. 그러나 이런 태도는 치명적인 결과를 초래했다. 보수정치 세력에 대한 '맹목적인 지지'로 이어진 것이다. 보수 정치세력을 내 편으로 여겨서 그들이 하는 것은 무조건 지지하고, 그들에 반대하는 자들은 무조건 적대세력으로 간주하는 단순무식한 행태를 보이는 것이다.

2. '맹목적 지지'의 왜곡된 모습

이러한 맹목적 지지는 필연적으로 왜곡된 모습을 노출하게 된다.

첫째, 수구 정치세력의 주장을 성경적이고 신학적인 검토와 반성도 없이 무조건적으로 지지하고 따른다. 그 결과, 보수 기독교 세력은 반공과 친미를 내세우는 보수 정치 세력이 주장하는 다른 정책들도 무조건 지지하는 행태를 보여주었다. 신자유주의, 한미 FTA, 제한 없는 사유재산권, 수도 이전 반대, 햇볕 정책 비판, 북한 인권문제 부각, SOFA개정에 대한 비판적 태도, 경쟁교육 지지, 제주 해군기지 건설, 원전 확대 정책, 4대강 개발, 등등.

둘째, 보수 정치세력이 비성경적인 모습을 보여도 전혀 비판하지 않는다. 쿠데타를 일으켜 무력으로 정권을 잡아도, 초헌법적인 긴급조치와 법들로 인권을 유린해도, 정권 유지를 위해서 수천 명의 무고한 시민들을 사상해도, 조작된 북풍을 이용해서 공작정치를 펼쳐도, 경제와 복지 공약을 헌신짝처럼 내던져도, 온갖 부정부패를 저질러도, 선거부정을 해도, 유전무죄 무전유죄 논리로 재판정을 모독해도, 무조건 지지하고 변호해주는 것이다.

3. 기독교적 가치보다 이데올로기

이렇게 보수 세력과 정치적으로 결탁한 가장 참담한 결과는 교회, 목사, 신학자라고 이름 하면서도 성경적이고 기독교적인 가치들을 내팽개친 행태를 보이는 데까지 이르게 된다는 점이다. 반공주의와 경제주의를 과도하게 강조하는 것도 심각한 문제지만, 기독교적 입장에서 볼 때 더 큰 문제는 이 두 가지를 붙들려다 정작 하나님께서 인간사회의 기초로서 주신 성경적 가치들을 무시한다는 점이다. 즉 성경적인 사회윤리와 사회–정치 참여의 기준을 놓쳐버린 것이다.

기독교 사회윤리에서 공통적으로 강조되는 핵심 가치들이 있다. 정의, 평화, 공평, 인권, 약자보호, 생태와 같은 것들이다. 학자들마다 각 개념에 대한 정의와 실제적 적용에 대한 견해들이 조금씩 다르지만, 이런 개념들이 기독교인들이 사회를 바라보면서 견지해야 할 중요한 가치들이라는 데에는 이견이 없다. 아무리 중요한 이유가 있다 하더라도 위의 성경적 가치들을 무시하거나 짓밟는 것은 결국 세상을 만드신 하나님의 의도를 저버리는 것과 같은 행태로 간주된다. 그러나 한국 보수교회는 이런 가치들을 마치 공산당 선언에나 써 있는 것처럼 취급한다. 그러면서 시대착오적인 반공과 천민자본주의만을 가장 가치 있는 것으로 고집스럽게 붙들고 있다.

이것은 정치적 이데올로기를 성경적 가치보다 우위에 두는 행태다. 기독교인이라고 하면서도 스스로 기독교윤리를 저버린 것이다. 이것은 우상숭배와 다르지 않다. 이단들과 타종교에 대해 엄청나게 배타적이고 호전적인 태도를 보이는 것과 상충되게 스스로 이데올로기를 우상으로 삼는 행태를 보여주는 것이다.

[3] 비참한 결과

잘못된 가치관과 행동원리로 움직인 것은 필연적으로 왜곡된 결과를 초래하게 된다. 한국 보수교회가 잘못된 가치관으로 사회참여에 적극적으로 나서다보니 과거와는 비교가 될 수 없을 정도로 많은 부작용을 낳고 있다.

1. 신학적 기초가 결여된 사회참여는 오류만 낳는다.

무조건 수구 세력을 지지하다보니 그들의 잘못된 행태까지도 관용하고, 그들에게 반대하는 세력은 무조건 비판하는 입장을 취하면서 국민들로부터 점차 신임을 잃고 있다. 우리는 최근에 이런 모습들을 너무나 많이 봐 왔다. 그 몇 가지 예를 들어보자.

대형교회 목사들은 이명박 대통령이 추진하던 4대강 사업을 전폭적으로 지지하는 잘못을 범하였다. 그들은 심지어 성경까지 들먹이면서 이 사업이 마치 한민족의 미래를 바꾸는 것이며 그것을 반대하는 것은 반민족적인 것으로 몰아붙이는 작태를 벌였다.

2012년 대선에서 국정원이 댓글 공작으로 대선에 개입한 것이 밝혀져 한창 국정원에 대한 엄정한 수사를 촉구하는 국민들의 열망이 터져 나오던 시점에 전임 한기총 대표회장은 한 일간신문에 광고를 싣고 국정원의 불법에 대해서는 일언반구도 없이 새누리당 국회의원들이 불법적으로 유출한 노무현 대통령의 NLL관련 발언에 대해서만 부정확한 독해에 근거해서 비난하였다. 이에 더하여 김진홍, 서경석 목사 등이 참여하고 있는 범시민사회단체연합과 한국시민단체협의회는 2007년 정상회담을 종북매국으로 매도하는 기자회견을 하기까지 하였다.

몇몇 정치적인 목사들은 서울나들목교회에서 박정희대통령 추모예배를 가지면서 박정희 대통령이 우리에게 먹을 것을 주었을 뿐만 아니라 한국기독교가 융성하는데 큰 기여를 했다고 칭송했다. 그렇기 때문에 기독교인이 아님에도 불구하고 추모예배 하기에 합당하다고 생각한다는 것이다. 돈을 최고로 여기는 태도와 현 권력에 아부하는 모습이 바알신앙의 전형을 보는 듯하다. 비슷한 시기에 유영익 국사편찬위원장은 이승만 대통령의 기독교 장려정책으로 인해 교회 부흥의 기초가 마련되었고 그 결과 한국이 굴지의 기독교국가가 되었다고 칭송한다. 그를 콘스탄티누스, 세종대왕, 모세, 야곱과 동등한 인물로 평가한다. 이런 견해에 수많은 목사들이 동조하였을 뿐만 아니라 이승만을 조명하고 칭송하는 영화까지 제작하려는 시도까지 하였다.

두 전임 대통령들은 기여한 것 이상으로 국가와 민주주의, 그리고 수많은 국민들에게 심각한 해를 끼쳤다. 그들은 헌법을 자기 입맛에 맞게 부정한 방식으로 개정하는가 하면, 위헌적인 법률을 제정하고 긴급조치를 남발하면서 국가의 기반을 유린하고 민주주의의 기초인 자유와 정의를 훼손하였다. 산업발전이라는 미명 하에 노동자들이 죽어나가는 것을 방치하고 그들의 정당한 권리 요구조차 빨갱이로 몰아 감옥에 처넣었다. 자신의 권력을 지지하는 사람들에게는 혜택을 주었지만, 잘못을 지적하는 사람들에게는 초법적인 무자비한 칼을 휘둘렀다. 사람들에게 돈을 가져다주었을지는 모르지만 정의와 공평, 정직과 섬김, 그리고 약자를 보호하라는 성경적 가치는 심각하게 훼손하였다. 그런데 어떻게 그들이 기독교 발전에 기여했다고 말할 수 있는가? 이런 식으로 말하게 되면 그들의 잘못을 기독교가 고스란히 지고 갈 수밖에 없게 된다. 가장 혜택을 많이 본 집단이 오류의 책임도 지는 것이 마땅하기 때문이다.

2014년 4월 16일 세월호 침몰 사고와 관련해서 목사들이 내뱉은 망언의 슬픈 기억과 문창극 국무총리 후보자를 둘러싼 친일과 일제지배 합리화와 한민족 비하 논쟁에서 보수 교회 지도자들이 보여준 실망스런 태도는 지금도 현재진행형이다. 이 두 가지 사안에서 보여준 한국 보수교회 지도자들의 태도 역시 공통점이 있다. 한 명도 구조하지 못했을 뿐만 아니라 사고에 대한 진상규명조사조차 제대로 하지 않고 있는 보수 정부가 타격을 입지 않도록 보호하려는 것이다. 왜? 반공주의와 경제주의를 공유하는 가족과 같은 동료 집단이니까. 그 결과 성경적 원리나 신학은 시궁창에 처박혔다. 오직 세속 이데올로기와 진영 논리만 굳건히 자리잡고 있을 뿐이다. 이것은 보수 정권의 부패와 불의와 무능력도 용인하고, 국민들의 정의 관념에도 무감각하고, 하나님나라의 사회적 가치들을 무시하는 '반기독교적 행태'인 것이다.

2. 상처

반공주의와 경제주의를 중심에 놓고 사회-정치적 참여에 나서는 한국 보수교회의 행태는 반드시 상처를 남긴다.

첫째, 성경적 가치보다 현실적 가치가 훨씬 더 중요하다는 반기독교적인 가르침을 온 몸으로 전해준 결과, 정의와 공평의 감각이 뛰어난 젊은 세대들은 점차 교회를 떠나고 있다. 시대의 변화도 인지하지 못하고, 성경적 가치도 내팽개치고 오직 수구 냉전적 천민자본주의에 깊이 물들어 인간의 존엄성, 공동체적 소망, 그리고 약자를 주님처럼 대하는 공감능력이 상실된 교회에서 무슨 소망을 발견하겠는가?

둘째, 이들의 행태는 불신자들이 복음에 접근할 수 있는 기회를 차단하고 있다. 기독교는 비인간적이고, 부정의하고, 불의와 타협하고, 호전적이고, 약자보다 강자편이고, 인간보다 돈을 중시하고, 섬기는 것보다 권력 휘두르기를 좋아하고, 희생하기보다 이용하려는 집단이라는 인식이 비기독교인들 사이에 확신으로 자리잡고 있기 때문이다. 그 결과는 우리도 너무 잘 아는 현실이다. 개신교의 신뢰도와 호감도가 지속적으로 하락하고, 개독교, 먹사 라고 조롱까지 받으며, 안티 기독교 세력이 점증하고 있다. 이런 상황에서 복음을 받아들이고 기독교인이 되는 사람이 줄어들면서 기독교가 쇠퇴하는 것은 당연한 귀결일 것이다.

[4] 어떻게 할 것인가?

2천 년 전 초대 교회들과 마찬가지로 우리나라에 복음이 처음 전해졌을 때 온 몸으로 기독교를 받아들였던 이 땅의 기독교인들은 당시 잘못된 문화를 개혁하기 위해 힘썼고축첩, 조혼, 노름과 폭음, 가난한 백성들의 삶을 개선하기 위해 애썼고, 사회 구조적인 개혁에도 나서서 인권을 신장하기 위해 힘썼고노비, 여성, 어린이, 강대국에 의존하지 않고 독립정신을 고취하는데 힘썼고, 부패한 관리에 대항하는 저항운동에 나서기까지 하였다.

그러나 지금 우리가 목도하고 있는 것은 과거의 소중한 유산을 모두 폐기하고 시대착오적 반공주의와 우상숭배적인 경제주의라는 허상에 기초한 잘못된 현실인식으로 똘똘 뭉쳐서 정치 현장에서 수구 세력과 합세하여 자신의 세력을 과시하는 왜곡된 교회와 지도자들의 모습이다. 이제 우리는 잘못된 이데올로기적 기초를 버리고 성경적 사회윤리에 기초한 행동으로 돌아가야 한다. 설령 그렇게 해서 교회가 손해를 보고, 원하는 것을 얻지 못한다 해도 그것이 결국 승리하는 길이기 때문이다.

그리스도는 우리에게 성육신적 낮아짐과 섬김의 정신의 본을 보여주셨다. 그 정신을 진정으로 받아들였다는 것은 약할 때가 아니라 강하고 힘이 있을 때 증명된다. 지금 한국교회는 가진 힘을 이권을 위해서가 아니라 세상의 약자와 고통 받는 자들을 섬기는데 사용해야 한다. 그렇게 뼈를 깎는 자기 절제와 섬김의 삶이 지속될 때 이 땅의 기독교가 다시 일어날 수 있는 기회를 얻을 수 있을 것이다.

하나님의 긍휼하심과 은혜가 다시 한국교회와 성도들에게 임하기를! 그리고 우리가 그 은혜를 헛되이 받지 않게 되기를! 아멘!

샬롬을 꿈꾸는 나비의 논평에 대한 공개 질의서

세월호 참사 100일이 넘은 지금 고통과 슬픔의 시간을 보내고 있을 희생자들을 생각하면서, 기독연구원 느헤미야는 역사에 대한 잘못된 해석을 공공연하게 주장하고 있는 샬롬을 꿈꾸는 나비이하 '샬롬나비'의 역사관의 변조에 대해 다음과 같이 질의하는 바이다.

1. 샬롬나비는 문창극의 역사관을 '식민사관이 아닌 신앙적 민족사관'이라고 두둔했다. 우리는 민족주권을 찬탈하고, 조선의 독립을 열망하는 무고한 생명을 감금, 살상하고, 민족의 재산을 몰수하여 우리 민족의 융성과 발전이 아닌 역사의 퇴보를 가져온 일제 식민통치와 침탈의 역사를 하나님의 공의와 정의의 이름으로 통렬하게 비판하기는커녕 오히려 신앙적 민족사관이라고 찬양하는 이 어처구니없고 해괴한 역사인식이 어떻게 가능한지 묻고자 한다.

2. 우리는 문창극의 역사관을 식민사관이 아니라 신앙적 민족사관이라고 해석한 샬롬나비의 역사관은 한 마디로 역사인식의 혼절이요, 역사의 변조라고 말하고자 한다. 어떻게 36년간 민족사의 운명을 송두리째 결박시켜 부자유하고, 억압의 역사로 몰아간 그 역사를 긍정할 수 있으며, 대일본 제국의 번영이라는 미명하에 동아시아 국가와 민족 전체에 전쟁의 광분으로 날 띤 그 역사를 신앙의 이름으로 찬양할

수 있는가? 불의한 역사요, 어두움의 악의 역사요, 인류문명사의 비극의 역사를 어떻게 하나님의 의로운 섭리적 역사로 변조할 수 있는지 묻고자 한다.

3. 샬롬나비는 '일제식민통치는 우리 민족을 번영으로 인도하기 위한 하나님의 섭리였다'는 문창극의 발언을 '하나님의 절대주권을 믿는 성경적 신앙'이라고 평가한다. 이는 참으로 위험하고도 왜곡될 소지가 많은 신학적 해석이다. 우리는 역사의 주권자이신 하나님께서 악한 권력자나 불의한 제국일지라도 그의 섭리가운데 사용하시기도 한다는 것을 믿는다. 그러나 모든 권력은 선을 행사하도록 허락된 것이므로 악한 목적으로 사용되는 모든 권력은 하나님의 뜻이 아니다. 더구나 하나님의 형상으로 지음받은 인간들이 전쟁과 살육으로 훼손되는 것은 하나님의 창조계획에 전적으로 어긋나는 것이다. 우리는 일제의 만행은 하나님의 뜻이 아니라고 한번도 규탄한 적도 없고, 그 부당함을 역설한 적이 없는 문창극의 발언을 어떤 근거로 성경적 신앙이라고 호도하는지 묻고자 한다.

4. 샬롬나비는 문창극의 발언을 신자로서 개인적인 신앙고백이며, 신학적 발언인데, 그것에 대해 성경과 신학에 익숙하지 않은 이들의 오해에서 비롯된 것이라고 강변한다. 우리는 문창극의 특강은 결코 개인적인 신앙간증이나 종교적 체험과 같은 성격이 아니라 공중앞에서 민족사에 대한 기독교인의 인식을 보여준 것인데, 이를 마치 지극히 사적인 신앙고백인 것처럼 호도하고 있다고 본다. 우리는 기독교 신앙을 사적인 종교 영역 안으로 유폐시키면서 신앙적 특수성을 이유로 공론의 장에서 그리스도인의 신앙적 사고를 보편 타당하게 입증

하지 못한다면, 우리의 기독교 신앙과 기독교적 세계관은 교회의 담장 안에서 혹은 기독교 영역에서나 통용되는 게토화의 위험이 매우 높다고 본다. 그런 점에서 이러한 주장은 개혁주의 관점에서 사회-문화의 변혁을 꿈꾸며 실천하고자 하는 샬롬나비가 어떻게 온 세상 속에 그리스도의 주 되심과 하나님 나라의 구현을 꾀할 수 있을 것인지 묻고자 한다.

5. 우리는 샬롬나비가 공직자로서 갖추어야 할 바른 역사관과 합당한 자격에 대해 국민들로부터 자질미달로 평가받아 이미 사퇴한 분에 대해, 그리고 장로로서 교회 안에서 행한 그의 발언과 처신으로 인해 한국기독교에 대한 상당 부분 부정적인 여론과 지탄의 대상이 되고 있는 문창극 후보를 여전히 옹호하는지 묻고자 한다.

　마지막으로 우리는 차제에 샬롬나비가 한국교회와 사회를 향해 바르고 깨어있는 기독교적 지성을 사용하여 혼돈의 시대를 살아가는 이 땅의 그리스도인들에게 성경적인 지침과 방향을 제시해 주기를 권면드리고자 한다.

2014년 7월 25일
기독연구원 느헤미야

저자 프로필(실린 순서)

조석민
- 합동신학대학원대학교(M.Div.)
- 영국 글로스터셔 대학교(B.A.)
- 영국 Trinity Theological College(ADPS)
- 영국 브리스톨 대학교(M.A., Ph.D.)
- (현)에스라성경대학원 신약학교수
- (현)교회개혁실천연대 전문위원

김근주
- 장로회신학대학교 신학대학원(M.Div., Th.M.)
- 영국 옥스퍼드대학교 (D.Phil.)
- (현)기독연구원느헤미야 전임연구위원
- (현)희년함께 지도위원

권연경
- 미국 풀러신학대학원 (M.Div.)
- 미국 예일대학교 (S.T.M.)
- 영국 킹스칼리지 런던 (Ph.D.)
- (현)숭실대학교 기독교학 교수

배덕만
- 서울신학대학교 신학대학원 (M.Div.)
- 미국 예일대학교 (S.T.M.)
- 미국 드류대학교 (Ph.D.)
- (현)기독연구원느헤미야 전임연구위원
- (현)주사랑교회 협동목사

김동춘
- 총신대학교 신학대학원 (M.Div.)
- 독일 하이델베르크대학교 디아코니아학연구소
- 독일 하이델베르크대학교 (Dr.theol.)
- (현)국제신학대학원대학교 조직신학 교수
- (현)현대기독연구원 대표

박득훈
- London Bible College(신학, B.A)
- University of Durham(기독교사회윤리, Ph.D)
- (현)새맘교회 담임목사
- (현)평화누리 상임공동대표
- (현)복음주의교회연합 공동대표

김형원
- 총신대학교 신학대학원 (M.Div.)
- 미국 고든콘웰신학대학원 (Th.M.)
- 미국 보스턴 대학교
- 미국 트리니티복음주의신학대학원(Ph.D.)
- (현)하.나.의.교회 담임목사
- (현)월간 복음과상황 발행인
- (현)성서한국 이사장